Inhaltsverzeichnis

Wortarten

1. Das Verb 3
2. Substantiv (Nomen) 6
3. Pronomen 8
4. Adjektiv 13
5. Partikel 17

Formenlehre

1. Substantiv (Nomen): Deklination 19
2. Pronomen: Deklination 28
3. Verb: Konjugation 31

Satzlehre

1. Aussagesatz (Stellungsplan) 38
2. Fragesatz (Stellungsplan) 41
3. Aufforderungssatz (Stellungsplan) 43

Satzglieder

1. Subjekt und Prädikat 44
2. Akkusativobjekt 47
3. Dativobjekt 50
4. Genitivobjekt 53

Zeichensetzung

1. Satzschlusszeichen 54
2. Komma zwischen Hauptsätzen 57
3. Aufzählung 59
4. Wörtliche Rede 61

Die eingeklammerten Zahlen auf dem Seitenrand verweisen auf die entsprechenden Abschnitte in der „Schoebe Elementargrammatik (nach der Rechtschreibreform)".

Abkürzungsverzeichnis

Akk.	*Akkusativ (Wen-Fall)*	Nom.	*Nominativ (Wer-Fall)*
AO	*Akkusativobjekt (Satzergänzung im Akk.)*	P	*Prädikat (Satzaussage)*
Dat.	*Dativ (Wem-Fall)*	Pl.	*Plural (Mehrzahl)*
DO	*Dativobjekt (Satzergänzung im Dat.)*	Präs.	*Präsens („Gegenwart")*
Fem.	*Femininum (die ~)*	Prt.	*Präteritum („Vergangenheit")*
Gen.	*Genitiv (Wessen-Fall)*	S	*Subjekt (Satzgegenstand)*
GO	*Genitivobjekt (Satzergänzung im Gen.)*	Sg.	*Singular (Einzahl)*
Mask.	*Maskulinum (der ~)*	VZ	*Verbzusatz*
Neutr.	*Neutrum (das ~)*		

© 1996 R. Oldenbourg Verlag GmbH, München

Das Werk und seine Teile sind urheberrechtlich geschützt. Jede Verwertung in anderen als den gesetzlich zugelassenen Fällen bedarf deshalb der vorherigen schriftlichen Einwilligung des Verlages.

2., die Rechtschreibreform berücksichtigende Auflage 1997
Unveränderter Nachdruck   01   00   99   98

Die letzte Zahl bezeichnet
das Jahr des Drucks.

Lektorat: Annette Herre
Herstellung: Eva Fink
Umschlaggestaltung: Zembsch Werkstatt, München
Umschlagkonzeption: Mendell & Oberer, München
Satz: Franzis-Druck GmbH, München
Druck und Bindearbeiten:
grafik + druck GmbH, München

ISBN 3-486-**87012**-2

1. Verb

1.1 Verben sind Tätigkeitswörter.

Wie war zu Köln es doch vordem
mit Heinzelmännchen so bequem!
Denn war man faul, ... man legte sich
hin auf die Bank und pflegte sich:
     Da kamen bei Nacht,
     ehe man's gedacht,
   die Männlein und schwärmten
   und klappten und lärmten,
     und rupften
     und zupften,
  und hüpften und trabten
  und putzten und schabten ...
Und eh ein Faulpelz noch erwacht,
war all sein Tagewerk ... bereits gemacht!

Beim Bäckermeister war nicht Not,
die Heinzelmännchen backten Brot.
Die faulen Burschen legten sich,
die Heinzelmännchen regten sich ...
   und ächzten daher
   mit den Säcken schwer!
   Und kneteten tüchtig
   und wogen es richtig,
   und hoben
   und schoben,
   und fegten und backten
und klopften und hackten ...
Die Burschen schnarchten noch im Chor,
da rückte schon das Brot, ... das neue, vor!

1 Schreibe auf, was die fleißigen Heinzelmännchen in Köln alles taten.

Die Heinzelmännchen schwärmten,

1.2 Der Hölzchenzauber (Tätigkeiten)

Vor der Vorstellung näht der „Zauberer" ein Streichholz in den Saum eines Seidentuches. Vor dem Publikum schwenkt der Zauberer sein Zaubertuch. Er holt einen Zuschauer mit einem Streichholz auf die Bühne. Der Zuschauer kennzeichnet sein Streichholz mit einem Kugelschreiberkreuz. Nun hüllt der Zauberer das Streichholz in das Tuch. Dabei murmelt er Beschwörungsworte. Dann führt er die Hand des Zuschauers zum Tuch. Der Zuschauer fühlt das Streichholz (natürlich das vorher eingenähte). Der Zauberer bittet ihn nun das Streichholz zu zerbrechen. Alle hören deutlich das Knacken. Nun spricht der Zauberer beschwörende Worte. Anschließend schüttelt er das Tuch. Das gezeichnete Streichholz fällt heil heraus. Der Zauberer zeigt das leere Tuch und verbeugt sich. Simsalabim!

2 Schreibe auf, was der Zauberer der Reihe nach tut.

Der Zauberer näht,

Wortarten

1. Verb

(2)

1.3 Verben sind Zeitwörter.

Das folgende Geschehen wird so beschrieben, als ob es jetzt vor deinen Augen abliefe:

Es ist etwa ein Uhr. Vor dem Spielzeuggeschäft in der Ulmenstraße steht ein kleines Mädchen und betrachtet die Auslagen. Ein Mann spricht es an. Er ist ungefähr 35 Jahre alt und trägt eine braune Lederjacke. Die Haare sind auffallend blond. Beide betreten den Laden. Kurz darauf verlassen sie das Geschäft und verschwinden in Richtung Weidestraße.

3 Stelle dir vor, jemand berichtet später darüber. Das Geschehen ist dann bereits vergangen. Wie müsste sein Bericht aussehen?

Ein Zeuge berichtet später: Es war etwa ein Uhr. Vor...

4 Unterstreiche in beiden Texten die Verben.

(2, 3)

1.4 Versteckte Verben

5 In jedem der folgenden Substantive (Nomen) ist ein Verb versteckt. Schreibe es daneben.

Endspiel *spielen* Zeitungsbericht _____ Feiertag _____

Käufer _____ Pfadfinder _____ Band _____

Gemälde _____ Abschnitt _____ Metermaß _____

Einsicht _____ Abschluss _____ Ausflug _____

Molkerei _____ Verständnis _____ Fuhrmann _____

Gangart _____ Antrieb _____ Diebstahl _____

Ankunft _____ Weitwurf _____ Flucht _____

Wortarten

1. Verb

1.5 Verb oder Substantiv (Nomen)?

(2, 3)

6 Übertrage die Sätze in die richtige Schreibung!

a) Die Chinesen PINSELN ihre Buchstaben mit PINSELN.
_____

b) Die Einbrecher FESSELN ihre Opfer mit FESSELN.
_____

c) Am Strand LIEGEN die Menschen überall faul auf ihren LIEGEN.
_____

d) Mit dem alten WAGEN WAGEN meine Eltern keine Reise mehr.
_____

e) Wenn FLIEGEN hinter FLIEGEN FLIEGEN, FLIEGEN FLIEGEN hinter FLIEGEN her.
_____
_____

1.6 Ein Rätsel

(2, 3)

7 Unter jedes der folgenden Substantive (Nomen) kann senkrecht ein passendes Verb geschrieben werden, z. B. Ball
↓
w
e
r
f
e
n.

1. Training; 2. Trompete;
3. Geburtstag; 4. Glatteis;
5. Beginn; 6. Schnupfen;
7. Wolle; 8. Pinsel; 9. Nase;
10. reife Frucht; 11. Kopf;
12. Violine, 13. Testament;
14. Süßigkeit.

1	2	3	4	5	6	7	8	9	10	11	12	13	14
Ü	B	E	R	A	N	S	T	R	E	N	G	E	N
	L												
	A												
	S												
	E												
	N												

8 Bei richtiger Lösung ergeben die umrandeten Felder ein weiteres Verb, das sich zu dem Wort „Wärter" ordnen lässt:

Lösungswort: _____

2. Substantiv (Nomen)

2.1 Substantive (Nomen) geben Lebewesen, Dingen und Gedankendingen einen Namen.

1 Lebewesen oder Ding? Ordne die folgenden Substantive (Nomen) richtig in die Spalten ein.

Kiste – Küster – Kasse – Rose – Riese – Burg – Bürger – Bruder – Ruder – Buch – Buche – Tonne – Sonne – Sonja – Auto – Autor – Kranich – Kran

LEBEWESEN/EIGENNAMEN/PFLANZEN		DINGE	

2 Gegenstand oder Gedankending? Ordne die Substantive (Nomen) richtig in die Spalten ein.

Wachs – Wuchs – Wunsch – Wunder – Wand – Pass – Spaß – Schalter – Schall – Schal – Angst – Axt – Zeit – Zeitung – Zeiger – Urlaub – Uhr – Scherz – Schmerz – Scherbe

GEGENSTÄNDE		GEDANKENDINGE	

2.2 Merkwürdige Berufe

AN – BLEI – BRIEF – FER – HER – KEN – KRAT – MÄ – NER – ÖFF – OH – RA – REN – SCHEIN – SCHÜT – SEN – SPIT – STIFT – WER – WOL – ZER – ZER – ZER

a) Jemand, der das Gras kürzer macht, ist ein _____

b) Jemand, der Umschläge aufmacht, ist ein _____

c) Jemand, der Teile des Kopfes behütet, ist ein _____

d) Jemand, der Geld verschleudert, ist ein _____

e) Jemand, der den Himmel mit den Nägeln ritzt, ist ein _____

f) Jemand, der Bleistifte spitz macht, ist ein _____

2. Substantiv (Nomen)

2.3 Substantive (Nomen) werden großgeschrieben.

(3)

Die aufregendsten abenteuer erlebt dirk beim schein der taschenlampe unter der bettdecke. Er darf abends im bett nicht mehr lesen, aber um dieses verbot seiner eltern kümmert er sich nicht, denn eben ist er an einer besonders spannenden stelle angelangt: Die drei jungen sind bei ihrer verfolgung der verbrecher an ein leer stehendes haus gekommen, in dem sie einen schlupfwinkel der bösewichter vermuten. Unter großen schwierigkeiten dringen sie ins haus ein. Deutlich ist die stimme des jungen verbrechers zu hören.

Sein älterer komplize lässt nur ab und zu ein brummen vernehmen. Da, plötzlich das klappen einer tür, geräusche ganz in ihrer nähe! Hastig suchen die kinder ein versteck hinter den vorhängen. Zitternd spüren sie eine tastende hand, die nach dem stoff greift und ... Auf einmal umgibt dirk blendende helligkeit. Seine mutter hat mit einem ruck die bettdecke weggerissen. Nun steht sie an der bettkante und findet vor empörung keine worte. Buch und taschenlampe nimmt sie an sich, ohne rücksicht darauf, dass die spannung gerade auf dem höhepunkt ist!

_____
_____
_____
_____
_____
_____
_____
_____
_____
_____
_____
_____
_____
_____

3 Unterstreiche in beiden Absätzen die Substantive (Nomen) rot und berichtige die Schreibung der Anfangsbuchstaben.

4 Schreibe zusammen mit deinem Tischnachbarn den Text als Partnerdiktat. Jeder von euch diktiert dem anderen einen Absatz.

Wortarten

3. Pronomen

3.1 Pronomen ersetzen Substantive (Nomen).

1 Umrahme in jedem Satz das Pronomen, das das unterstrichene Substantiv (Nomen) ersetzt.

a) Die Bremsbeläge müssen erneuert werden. ⟦Sie⟧ sind abgefahren.

b) Kennst du schon den neuen Film? Er soll sehr gut sein.

c) Wenn ich Marco treffe, sage ich ihm gehörig die Meinung.

d) Damit die Tiere im Winter nicht hungern, richtet man ihnen Futterplätze ein.

e) Ich suche mein Englischbuch. Hast du es irgendwo gesehen?

f) Ulla kann die Matheaufgaben nicht. Ihre Mutter erklärt sie ihr noch einmal.

g) Hast du schon mit dem neuen Schüler gesprochen? Ich finde ihn sehr nett.

2 Ersetze in jedem Satz die Substantive (Nomen) durch passende Pronomen!

a) Klaus leiht Michael sein Fahrrad. *Er leiht es ihm.*

b) Inga gibt Christina den Brief. _____

c) Thomas liebt Susi und Susi liebt Thomas. _____

d) Meine Schwester und ich spielen mit dem Baby. _____

e) Der Dieb wird vom Richter verurteilt. _____

3.2 Das war knapp.

Arne und Saskia stehen am Waldsee, der als spiegelblanke Eisfläche vor ihnen liegt. Das Thermometer war mehrere Nächte unter null. Ob das Eis sie schon trägt? Es erscheint ihnen ziemlich sicher. Vorsichtig betritt Saskia das Eis. Arne steht noch am Ufer. Ihm ist etwas mulmig. Aber Saskia geht schon weiter und fordert ihn auf nachzukommen. Als er gerade auf das Eis gehen will, bricht Saskia ein. Bis über die Knie steht sie im Wasser und der Boden unter ihr ist schlammig. Auf dem Bauch rutscht Arne näher zu ihr, bis sie ihm die Hand geben kann. Nun kann er sie herausziehen. Das war knapp!

3 Umrahme alle Personalpronomen.

3. Pronomen

3.3 Ich und du, wir und ihr

(7a)

1 Frau Meinert deckt den Frühstückstisch. Das Baby hat schon seinen Brei bekommen. Aber wo bleiben die Zwillinge? Es ist höchste Zeit. Sie schaut in Annes Zimmer. Anne liegt noch im Bett. „Mama", stöhnt sie, „_____ bin krank. Es geht _____ gar nicht gut. Lass _____ heute zu Hause!" Frau Meinert fühlt Annes Stirn: „Hm, Fieber hast _____ nicht! Was fehlt _____ nur?
5 Ich werde _____ in der Schule entschuldigen." Seltsam, auch Eric fühlt sich nicht wohl. Frau Meinert telefoniert mit dem Hausarzt: „Anne ist krank. _____ hat Kopfschmerzen. Ich habe _____ einen Umschlag gemacht und behalte _____ heute im Haus. Auch Eric fühlt sich krank. _____ hat Magenschmerzen und _____ ist schwindelig. Ich schicke auch _____ heute nicht in die Schule. Glücklicherweise ist das Baby gesund. _____ ist ganz
10 munter. Soll ich _____ das Fieber messen? Muss ich _____ von den Kindern fernhalten?" Der Arzt beruhigt Frau Meinert und am nächsten Tag sind die Zwillinge tatsächlich wieder gesund. In der Schule sprechen sie mit Frau Peters: „_____ waren krank. Es ging _____ gar nicht gut. Unsere Mutter hat _____ nicht in die Schule gelassen!" Frau Peters nickt: „Es ging _____ also gerade an dem Tag schlecht, an dem _____ eine Mathearbeit schrei-
15 ben solltet. Da muss ich _____ wohl nachschreiben lassen!" Die Zwillinge geben sich geschlagen. _____ hatten nicht damit gerechnet, dass ihre Lehrerin _____ so leicht durchschaut. Nun bleibt _____ die Arbeit leider doch nicht erspart!

4 Ergänze die fehlenden Personalpronomen.

5 Schreibe dann alle Personalpronomen heraus, bei denen

– eine oder mehrere Personen von sich selbst sprechen:
_____

– jemand eine oder mehreren Personen anspricht, die ihm vertraut sind:
_____

– bei denen über eine oder mehrere andere Personen gesprochen wird:

Wortarten

3. Pronomen

(7a, b)

3.4 Possessivpronomen treten an die Stelle von Personalpronomen.

Das Buch gehört mir. → Es ist [mein] Buch. _____

Die Kette gehört dir. → _____

Der Schlüssel gehört ihm. → _____

Das Heft gehört ihr. → _____

Die Idee kommt von uns. → _____

Ihr müsst die Sache erledigen. → _____

Das Geld gehört ihnen. → _____

(7a, b)

3.5 Personalpronomen oder Possessivpronomen?

6 In jedem Satz kommt mindestens ein Personalpronomen und ein Possessivpronomen vor. Schreibe die Pronomen rechts neben den Satz.

	Personalpronomen		Possessivpronomen	
a) Mein Bruder hat mir von deinem Kummer erzählt.	mir			
b) Kannst du mir bitte deine Uhr leihen?				
c) Auf unserem Ausflug hat es leider geregnet.				
d) Sie hat ihnen ihre Kassetten ausgeliehen.				
e) Eure Frühstücksbrote hat sie euch in den Kühlschrank gelegt.				

7 Setze das passende Possessivpronomen im richtigen Kasus ein.

a) Am liebsten spiele ich mit _____ Puppe. – b) _____ Urlaub verbringen wir in Österreich. – c) Räumt bitte _____ Sachen vom Tisch! – d) Mit _____ Taschengeld kannst du machen, was du willst. – e) Die Kinder fahren mit _____ Vater und _____ Mutter zu _____ Großeltern. – f) Frank spricht mit _____ Freund über _____ Kummer. – g) Das Mädchen kauft regelmäßig für _____ Nachbarin ein. – h) Heute haben wir alle _____ Hausaufgaben gemacht um _____ Lehrer eine Freude zu bereiten. –

Wortarten

y
3. Pronomen

3.6 Niemand hat etwas gesehen (Pronomen).

(7, 7g)

Als Christine aus der Schule kommt, ist ihr Fahrrad verschwunden. Ihre Klassenkameraden sind noch bei ihr. Alle helfen ihr beim Suchen. Einige sehen hinter dem Gebäude nach, andere laufen zur Turnhalle. Ein paar suchen die Straße ab. Aber keiner findet das Rad. Schließlich ist nur noch ihre Freundin bei ihr. Beide gehen zum Hausmeister. „Haben Sie etwas bemerkt oder jemanden gesehen?" „Nein", bedauert der, „das tut mir Leid. Ich habe nichts bemerkt und niemanden gesehen. Hier kann jeder leicht auf das Gelände kommen. Ich kann ja nicht alles sehen! Dies hier ist kein Ausnahmefall. Schon mancher hat sein Rad vergeblich gesucht. Man muss es eben immer gut anschließen, denn die meisten sehen ihr gestohlenes Rad nie wieder."

8 Unterstreiche zuerst alle Personal- und alle Possessivpronomen.

9 Umrahme dann alle anderen Pronomen, die Stellvertreter für Personen oder Dinge sind.

10 Schreibe hier alle umrahmten Pronomen auf:

alle, _____, _____, _____,
_____, _____, _____, _____,
_____, _____, _____, _____,
_____, _____, _____, _____,
_____, _____, _____, _____.

11 Schreibe aus Text 3.6 diejenigen Pronomen heraus, die nicht nur als Stellvertreter, sondern auch als Begleiter eines Substantivs (Nomens) auftreten können:

alle Klassenkameraden, _____,
_____, _____,
_____, _____,
_____, _____,
_____, _____,
_____, _____,
_____.

3. Pronomen

(7)

3.7 Die heilige Nacht

Selma Lagerlöf

1 Es war Weihnachtstag, an dem alle, außer Großmutter und mir, zur Kirche gefahren waren. Ich glaube, dass wir im ganzen Haus allein waren. Wir hatten nicht mitfahren können, weil die eine zu jung und die andere zu alt war. Und wir waren beide ganz traurig darüber, dass wir nicht zur Frühmette fahren und die Weihnachtskerzen sehen konnten. Als wir aber so in unserer Einsamkeit dasaßen, begann
5 Großmutter zu erzählen:

„Es war einmal ein Mann, der in die dunkle Nacht hinausging um sich etwas Feuersglut zu holen. Er ging von Hütte zu Hütte und klopfte an jede Tür. ‚Helft mir, ihr lieben Leute!', sagte er. ‚Mein Weib ist eben eines Kindleins genesen und ich muss Feuer anzünden um sie und das Kindlein zu erwärmen.' Aber es war tiefe Nacht, sodass alle Menschen fest schliefen. Niemand antwortete ihm.

10 Der Mann ging immer weiter. Schließlich gewahrte er in weiter Ferne einen hellen Feuerschein. Er wanderte in diese Richtung fort und sah, dass das Feuer im Freien brannte. Eine Menge weißer Schafe lagerte schlafend ringsumher und ein alter Hirt saß daneben und bewachte die Herde.

Als der Mann, der das Feuer holen wollte, die Schafe erreicht hatte, sah er, dass drei große Hunde schlafend zu des Hirten Füßen lagen. Bei seinem Kommen erwachten sie alle drei und sperrten ihre
15 weiten Rachen auf, als ob sie bellen wollten, man vernahm jedoch keinen Laut. Der Mann sah, dass sich die Haare auf ihren Rücken sträubten, er sah, dass ihre spitzen Zähne im Feuerschein weiß leuchtend aufblitzten, und er sah auch, dass sie auf ihn zustürzten. Er fühlte, dass einer ihn ins Bein biss, der Zweite nach seiner Hand schnappte und der Dritte ihm an die Kehle sprang. Aber die Kinnladen und die Zähne, mit denen die Hunde ihn beißen wollten, gehorchten nicht und der Mann
20 erlitt nicht den geringsten Schaden.

Nun wollte er vorwärts gehen um zu holen, was er brauchte. Aber die Schafe lagen Rücken an Rücken so dicht gedrängt, dass er nicht vorwärts kam. Und der Mann schritt über die Rücken der Tiere zum Feuer hin, aber keines erwachte oder bewegte sich."

Bis dahin hatte Großmutter ungestört erzählen können, länger jedoch vermochte ich nicht an mich
25 zu halten ohne sie zu unterbrechen. „Weshalb taten sie es nicht, Großmutter?", fragte ich. „Das wirst du bald erfahren", sagte Großmutter und erzählte weiter.

[Selma Lagerlöf, Christuslegenden, Hesse und Becker, Freiburg]

12 Unterstreiche in dem Text alle Pronomen.

4. Adjektiv

4.1 Adjektive sind Eigenschaftswörter. (6)

1 Finde zu jedem der Sätze mindestens ein Adjektiv, das zum Inhalt der Sätze passt.

a) Das Fahrrad müsste geputzt werden. Es ist _____

b) Das Kind wartet auf das Essen. Es ist _____

c) Der Junge spielt drei Instrumente. Er ist _____

d) Der Schüler passt nicht auf. Er ist _____

e) Das Kleid leuchtet in vielen Farben. Es ist _____

f) Der Mann kann nicht hören. Er ist _____

g) Auf dem Eis kann man ausrutschen. Das Eis ist _____

h) Das Haus hat 17 Stockwerke. Es ist _____

2 Formuliere dann so um, dass das Adjektiv direkt vor dem Substantiv (Nomen) steht:

a) *ein schmutziges Fahrrad* b) _____

c) _____ d) _____

e) _____ f) _____

g) _____ h) _____

4.2 Wortfamilien (1–3, 6)

3 Bilde Wortfamilien, die aus Substantiv (Nomen), Verb und Adjektiv bestehen.

SUBSTANTIV (NOMEN)	VERB	ADJEKTIV
der Biss	beißen	
der Ärger		
	brechen	
		flüchtig
die Sicht		
	bemühen	
		schriftlich
der Grund		

Wortarten 13

4. Adjektiv

(6)

4.3 Steigerungen

4 Steigere die Adjektive.

	POSITIV	KOMPARATIV	SUPERLATIV
das alte Haus	alt	älter	
ein kluges Kind			
der hohe Turm			
ein tiefer Brunnen			
der dunkle Gang			
eine gute Idee			
das fröhliche Fest			
ein schmaler Weg			
die nahe Stadt			
ein lustiger Film			
ein trockenes Tuch			

(1–3, 6)

4.4 Verb – Substantiv (Nomen) – Adjektiv

5 Ordne die Wörter in der richtigen Schreibung in die Spalten ein.

Kannst du einen Artikel hinzufügen? → Substantiv (Nomen)
Kannst du das Personalpronomen „wir" hinzufügen? → Verb
Kannst du das Wort steigern? → Adjektiv

ALT – ASTER – ALTERN – ALBERN (2) – OFEN – OFFEN – ÖFFNEN – ÖFFNUNG – HOF – HOFFEN – HARFE – HUF – HÖFLICH – EINIGEN – EINIGKEIT – EINIG – BREIT – BREI – BEREITEN – BEREIT – RUHE – RUHIG – RUHEN – FREI – FEIER – FRIEREN – BEFREIEN – TIER – TREFFEN – TIEF – VERTIEFEN – ANGENEHM – ANNAHME – NAH – VORNEHM – NAME

VERBEN		SUBSTANTIVE (NOMEN)	ADJEKTIVE

4. Adjektiv

4.5 „als" oder „wie"?

6 Bilde Sätze, in denen mit Adjektiven die Eigenschaften der Personen oder Dinge miteinander verglichen werden.

Beachte: Peter ist <u>so groß wie</u> Thomas. – Thomas ist <u>größer als</u> Ulla.

a) Bernd: 42 kg – Yvonne: 45 kg;
b) Donald Duck – Onkel Dagobert;
c) Pullover: 79,50 DM – Hose: 79,50 DM
d) Zugspitze – Mount Everest;
e) Auto – Fahrrad;
f) Sommer – Winter;

a) _Yvonne ist_ _____

b) _____

c) _____

d) _____

e) _____

f) _____

4.6 Angeber (Steigerungsformen)

7 Ergänze die Sätze, wie du es am Beispiel siehst. Achte auf den richtigen Gebrauch von „als" und „wie".

Beispiel: Arne prahlt: „Ich bin schon so groß wie mein Vater!"
„Pah", meint Ulf, „ich bin <u>größer als</u> mein Vater!"
Lutz lacht: „Ich bin sowieso <u>am größten</u>!"

Arne prahlt: „Ich bin _so groß_ _____ Tarzan!"

„Pah", meint Ulf, „ich bin _____ Tarzan!"

Lutz lacht: „Ich bin _____!"

Arne prahlt: „Unser Auto ist _____ Rennwagen!"

„Pah", meint Ulf, „unser Auto ist _____ Rennwagen!"

Lutz lacht: „Unser Auto ist _____!"

Arne prahlt: „Meine Schwester ist _____ Filmstar!"

„Pah", meint Ulf, „meine Schwester ist _____ Filmstar!"

Lutz lacht: „Meine Schwester ist _____!"

Arne prahlt: „Ich bin _____ unser Lehrer!"

„Pah", meint Ulf, „ich bin _____ unser Lehrer!"

Lutz lacht: „Ich bin _____!"

Wortarten

4. Adjektiv

(6) ## 4.7 Die unendliche Geschichte

Der Junge gehorchte und schloss leise die Tür. Dann näherte er sich der Bücherwand und guckte vorsichtig um die Ecke. Dort saß in einem hohen Ohrenbackensessel aus abgewetztem Leder ein schwerer, untersetzter Mann. Er hatte einen zerknitterten schwarzen Anzug an, der abgetragen und irgendwie staubig aussah. Sein Bauch wurde von einer geblümten Weste zusammengehalten. Der Mann hatte eine Glatze, nur über den Ohren stand je ein Büschel weißer Haare in die Höhe. Das Gesicht war rot und erinnerte an das einer bissigen Bulldogge. Auf der knollenförmigen Nase saß eine kleine goldene Brille. Außerdem rauchte der Mann aus einer gebogenen Pfeife, die aus seinem Mundwinkel hing, wodurch der ganze Mund schief gezogen war. – Auf den Knien hielt er ein Buch, in welchem er offenbar gerade gelesen hatte, denn er hatte beim Zuklappen den dicken Zeigefinger seiner linken Hand zwischen den Seiten gelassen – als Lesezeichen sozusagen.

[Ende: Die unendliche Geschichte, K. Thienemanns Verlag, Stuttgart, S. 6]

8 Unterstreiche alle Adjektive.

(6) ## 4.8 Der Herr der Ringe

Den ganzen Tag schleppten sie sich dahin, bis der kalte und frühe Abend hereinbrach. Das Land wurde trockener und unfruchtbarer. Ein paar einsame Vögel piepsten und klagten, bis die runde, rote Sonne langsam hinter den westlichen Schatten versank; dann hüllte eine unheimliche Stille sie ein. Die Hobbits dachten an den sanften Schein des Sonnenuntergangs, der durch die freundlichen Fenster des fernen Beutelsend schimmerte.

Als der Tag endete, kamen sie zu einem Bach und an seinen Ufern gingen sie entlang, solange es hell blieb. Es war schon Nacht, als sie ihr Lager unter ein paar verkrüppelten Erlen aufschlugen. Vor ihnen erhoben sich jetzt gegen den dämmrigen Himmel die kahlen und baumlosen Bergrücken. Am nächsten Morgen brachen sie gleich nach Sonnenaufgang auf. Die Luft war kühl und der Himmel von blasser, klarer Bläue. Die Hobbits fühlten sich wieder frisch. Sie gewöhnten sich schon daran, viel zu laufen bei schmaler Kost. Pippin erklärte, dass Frodo doppelt so kräftig sei wie zuvor. „Sehr merkwürdig", sagte Frodo, „wenn man bedenkt, dass ich in Wirklichkeit schlanker geworden bin. Ich hoffe, die Abmagerungskur macht keine weiteren Fortschritte, sonst werde ich ein Geist." „Sprecht nicht von solchen Dingen!", sagte Streicher schnell und mit überraschendem Ernst.

[Tolkien: Der Herr der Ringe, Klett-Cotta, Stuttgart 1981, Bd. 1. S. 228 f., bearb.]

9 Unterstreiche alle Adjektive.

5. Partikel

5.1 Robinson Crusoe

(1)

Als Robinson Crusoes Schiff strandet, kommen alle Seeleute außer Robinson ums Leben. Er rettet sich auf eine unbewohnte Insel irgendwo im Atlantischen Ozean. Dort lebt er nun schon viele Jahre. Er hat eine sichere Höhle, alles nötige Werkzeug, Fleisch und Milch von seiner Ziegenherde und sogar ein kleines Getreidefeld. Vielleicht, so überlegt er manchmal, ist er hier glücklicher als jemals zuvor in seinem Leben. Nur an die Einsamkeit gewöhnt er sich nicht, deshalb hält er so oft wie möglich Ausschau nach einem Schiff. Eines Tages rettet er einen jungen Eingeborenen vor dem Tode. Nun hat er einen Gefährten und ist sehr glücklich darüber. Erst nach 28 Jahren gelangt er wieder in seine Heimat England.

1 Unterstreiche erst alle Verben, dann der Reihe nach alle Substantive (Nomen), alle Artikel, alle Pronomen und alle Adjektive.

2 Vergleiche nach jedem Arbeitsschritt deine Ergebnisse mit deinen Mitschülern, bevor du weiterarbeitest.

3 Umkreise jetzt alle Wörter, die noch nicht unterstrichen sind. Diese Wörter nennen wir **Partikeln**. Schreibe sie heraus.

_____

_____

_____

_____

_____

4 Hier fehlen in jedem Satz die Partikeln. Ergänze sie.

a) Iris _____ Angela zählen ihr Geld. Leider reicht es _____ _____ einen Kinobesuch.

b) Der Junge zählt _____ zwanzig, _____ die anderen sich verstecken.

c) Mein Bruder weiß _____ _____ , was er _____ den Ferien machen will.

   Entweder fährt er _____ uns _____ die See, _____ er bleibt allein _____ Hause.

d) Vater sucht seinen Autoschlüssel _____ ganzen Haus, er weiß, _____ er ihn _____ hingelegt hat, _____ _____ ?

Wortarten

5. Partikel

5.2 Einzelne Partikeln

a) Adverbien

5 Felix tut immer das Gegenteil. Ergänze die fehlenden Adverbien.

Florian spielt drinnen.	Felix spielt _draußen_.
Florian geht nach links.	Felix geht nach _____.
Florian sitzt vorn.	Felix sitzt _____.
Florian klettert nach unten.	Felix klettert nach _____.
Florian arbeitet selten.	Felix arbeitet _____.
Florian isst nie Salat.	Felix isst _____ Salat.
Florian isst den Pudding vorher.	Felix isst den Pudding _____.
Florian duscht morgens.	Felix duscht _____.
Florian spielt überall.	Felix spielt _____.
Florian fährt aufwärts.	Felix fährt _____.

b) Präpositionen

6 Setze die fehlenden Präpositionen in die Lücken.

Achim plant: „Kurz _____ Weihnachten fahre ich _____ Oma. Ich gehe dann _____ ihr zusammen _____ die Stadt und kaufe die Geschenke _____ meine Eltern. Wenn wir _____ der Stadt zurück sind, backe ich Weihnachtskekse. Anschließend fahre ich _____ Hause."

7 Anja sucht ihr Mathebuch. Es muss irgendwo in ihrem Zimmer sein. Schreibe mindestens fünf verschiedene Plätze auf, an denen sie es suchen könnte. Verwende dabei unterschiedliche Präpositionen.

_____
_____
_____
_____
_____
_____

c) Konjunktionen

8 Unterstreiche auf S. 17, Aufgabe 4 die **Konjunktionen** doppelt.

1. Substantiv (Nomen): Deklination

1.1 Der – die – das

(5)

1 Beantworte die Fragen nur mit dem passenden Substantiv (Nomen) und dem bestimmten Artikel im richtigen Kasus.

Bauer Henkel ist aufs Altenteil gezogen. Nur noch seine Lieblingstiere sind bei ihm: <u>ein Hahn, mehrere Hühner, eine Katze und ein Pferd.</u> Schreibe auf, was der Bauer mit seinen Tieren erlebt.

WER weckt den Bauern jeden Morgen? _der Hahn_

WESSEN Schlafplatz ist die Stange? _____

WEM gibt der Bauer zur Belohnung Zucker? _____

WEN jagt der Bauer abends aus seinem Bett? _____

WER wandert nach und nach in den Suppentopf? _____

WESSEN Lieblingsplatz ist der Misthaufen? _____

WEM kauft der Bauer freitags einen Fisch? _____

WEN lieben alle Hennen? _____

WER wärmt dem Bauer Henkel die Füße? _____

WESSEN Futterplatz ist die Weide? _____

WEM stiehlt der Bauer täglich Eier? _____

WEN striegelt der Bauer täglich? _____

WER steht im Stall? _____

WESSEN Futternapf steht im Haus? _____

WEM schwillt manchmal der Kamm? _____

WEN füttert der Bauer mit Körnern? _____

1.2 Die Deklination

(5)

2 Übertrage deine Antworten (Substantiv/Nomen und Artikel) jetzt richtig in die Tabelle.

	SINGULAR			PLURAL
	MASKULINUM	FEMININUM	NEUTRUM	Mask./Fem./Neutr.
NOMINATIV WER?	der Hahn	die Katze	das Pferd	die Hühner
GENITIV WESSEN?				
DATIV WEM?				
AKKUSATIV WEN?				

Formenlehre 19

1. Substantiv (Nomen): Deklination

1.3 Wer – wessen – wem – wen

3 Fülle die Lücken mit einem passenden Substantiv (Nomen) im richtigen Kasus. Stelle bei jedem Satz die Kasusfrage.

	FRAGE	ANTWORT	KASUS
a) Der Gärtner gibt ??? Wasser.	Wem gibt der Gärtner Wasser?		Dat.
b) ??? wedelt mit dem Schwanz.			
c) Vater holt ??? um einen Nagel einzuschlagen.			
d) Die Lehrerin erklärt ??? die Hausaufgaben.			
e) Anke lädt ??? zum Eis ein.			
f) Manche Eltern helfen ??? bei den Hausaufgaben.			
g) Er entledigt sich ???.		seines Mantels	
h) Die Gallier machen ??? das Leben schwer.			
i) ??? sollte man sich nach jeder Mahlzeit putzen.			

1.4 Bekannte Märchen

4 Wenn du die wichtigsten Märchen kennst, kannst du die Lücken ausfüllen. Schreibe über jede Lücke die richtige Kasusfrage.

a) Die Stiefmutter schenkt _____ einen vergifteten Apfel.

b) Das Schneiderlein tötet _____ auf einen Streich.

c) _____ bringt der Großmutter Kuchen und Wein.

d) Die sieben Geißlein füllen den Bauch _____ mit Steinen.

e) Aschenputtel verliert auf dem Ball _____

f) Schneewittchen führt _____ den Haushalt.

g) Auf dem Gürtel _____ steht: „Sieben auf einen Streich!"

h) Der Froschkönig holt _____ den Ball aus dem Brunnen.

i) Voll Zorn wirft die Prinzessin _____ an die Wand.

j) Der böse Wolf legt sich verkleidet in das Bett _____

1. Substantiv (Nomen): Deklination

1.5 Maskulinum – Femininum – Neutrum

(5)

5 Schreibe nebeneinander Substantive (Nomen), die zusammenpassen, aber einen unterschiedlichen Artikel haben!

MASKULINUM	FEMININUM	NEUTRUM
der Mann	die Frau	das ...
	die Geige	
der Rock		
		das Fohlen
	die Gabel	
der Hahn		
		das Bier
der Ort		

1.6 Bestimmung des Genus

(5)

6 Schreibe neben die gegebenen Substantive (Nomen) den Nominativ Singular (Nom.Sg.) und bestimme dann den Genus.

die Zeitungen: Nom.Sg.: _die Zeitung_ _Fem._

die Stifte : Nom.Sg.: _____ _____

die Augen : Nom.Sg.: _____ _____

dem Gebüsch : Nom.Sg.: _____ _____

dem Vogel : Nom.Sg.: _____ _____

den Röcken : Nom.Sg.: _____ _____

den Baum : Nom.Sg.: _____ _____

des Lebens : Nom.Sg.: _____ _____

des Freundes : Nom.Sg.: _____ _____

der Mädchen : Nom.Sg.: _____ _____

der Hals : Nom.Sg.: _____ _____

der Bahn : Nom.Sg.: _____ _____

der Hosen : Nom.Sg.: _____ _____

der Brillen : Nom.Sg.: _____ _____

Formenlehre

1. Substantiv (Nomen): Deklination

(5) ## 1.7 Kasus – Numerus – Genus

7 Nenne Kasus, Numerus und Genus der Substantive (Nomen). Wenn es mehrere Möglichkeiten gibt, schreibe beide auf.

der Mann	*Nom. Sg. Mask.*	dem Verkäufer	_____
der Mädchen	_____	die Häuser	_____
den Garten	_____	den Gärten	_____
das Halsband	_____	des Wassers	_____
dem Tag	_____	der Mutter	_____
den Katzen	_____	die Sachen	_____

8 Bilde den richtigen Kasus.

das Kind (Nom.Pl.)	_____	die Stute (Dat.Pl.)	_____
der Ring (Gen.Pl.)	_____	das Bett (Dat.Sg.)	_____
die Mauer (Akk.Sg.)	_____	der Bär (Akk.Pl.)	_____
das Auge (Dat.Pl.)	_____	die Blume (Gen.Pl.)	_____
der Baum (Gen.Sg.)	_____	der Arm (Dat.Sg.)	_____
das Tier (Dat.Pl.)	_____	die Arbeit (Akk.Sg.)	_____
der Spaß (Nom.Pl.)	_____	das Licht (Gen.Sg.)	_____
der Deckel (Gen.Sg.)	_____	die Maus (Dat.Pl.)	_____

9 Auf den Satzzusammenhang kommt es an. Bilde mit jedem der Substantive (Nomen) einen Satz, in dem das Substantiv (Nomen) im angegebenen Kasus steht.

die Zeitung (Nom.Sg.): _____

die Zeitung (Akk.Sg.): _____

der Freundin (Gen.Sg.): _____

der Freundin (Dat.Sg.): _____

das Essen (Nom.Sg.): _____

das Essen (Akk.Sg.): _____

die Kinder (Nom.Pl.): _____

die Kinder (Akk.Pl.): _____

Formenlehre

1. Substantiv (Nomen): Deklination

10 Ergänze die Tabelle möglichst ohne nachzuschlagen.

	MASKULINUM	FEMININUM	NEUTRUM	PLURAL
Nom.		die Biene		
Gen.				der Tiere
Dat.	dem Mann			
Akk.			das Jahr	

1.8 Asterix und Obelix (5)

Wer hat …?

Cäsar hat mit seinen römischen Legionen Gallien besetzt. Nur ein Dorf leistet den Römern Widerstand. Das Dorf der Gallier liegt mitten im Wald. Ganz in der Nähe haben die Römer ein Lager. Aber die Gallier fürchten die Römer nicht. Im Gegenteil, sie spielen den Römern sogar häufiger einen Streich, denn sie besitzen den Zaubertrank des Druiden Miraculix. Vor einem Kampf bekommen die Dorfbewohner einen Schluck des Zaubertranks. Besonders Asterix hilft der Zaubertrank, wenn er wieder einmal ein Abenteuer bestehen muss. Obelix ist der stärkste Mann des Dorfes. Er liefert den Dorfbewohnern die Hinkelsteine und er folgt Asterix auf allen Wegen. Die Abenteuer führen die Freunde in viele Länder. Wenn Asterix und Obelix wieder eine Aufgabe erfüllt haben, bereiten die Dorfbewohner den Freunden ein Festmahl.

11 Schreibe über jedes der unterstrichenen Substantive (Nomen) die richtige Kasusfrage.

12 Bestimme dann den Kasus der unterstrichenen Substantive (Nomen).

1. Substantiv (Nomen): Deklination

1.9 Präpositionen mit dem Dativ

13 Verbinde die hervorgehobenen Wörter sprachlich richtig mit dem vorgegebenen Substantiv (Nomen). Verwende dabei immer den bestimmten Artikel.

1) Die Kinder kommen aus _____ Garten, aus _____ Schule, aus _____ Haus, aus _____ Ferien.

2) Störe bitte nicht bei _____ Arbeit, bei _____ Fernsehen, bei _____ Vortrag, bei _____ Hausaufgaben.

3) Unsere neue Wohnung liegt gegenüber _____ Grünanlagen, gegenüber _____ Theater, gegenüber _____ Post, gegenüber _____ Stadtpark.

4) Mit der Arbeit beginne ich nach _____ Geburtstag, nach _____ Ferien, nach _____ Weihnachtsfest, nach _____ Essen.

5) Das Rauchen hat Gisela aufgegeben, seit _____ 1. Januar, seit _____ letzten Woche, seit _____ olympischen Spielen, seit _____ vorigen Jahr.

6) Bitte, gib mir noch etwas von _____ Salami, von _____ Käse, von _____ Gurken, von _____ Weißbrot!

7) Nach dem Abendessen gehen wir gleich zu _____ Veranstaltung, zu _____ Boxkampf, zu _____ Straßenfest, zu _____ Kindern von nebenan.

8) Ich esse meistens mit _____ Löffel, mit _____ Gabel, mit _____ Messer, mit _____ Fingern.

1.10 Präpositionen mit dem Akkusativ

14 Vervollständige die Sätze durch je ein Substantiv (Nomen) im Maskulinum und im Femininum. Verwende auch hier nur den bestimmten Artikel.

Sonntags gehe ich mit meinen Eltern durch _____ und durch _____ . – Wir kämpfen für _____ und für _____ . – Ich bin gegen _____ und gegen _____ . – Aus dem Haus gehe ich nie ohne _____ und ohne _____ . Bei ihrem Training läuft meine Schwester um _____ und um _____ .

1. Substantiv (Nomen): Deklination

1.11 Wo? und wohin?

(10,5)

15 Beachte den Unterschied und ergänze.

Ich setze mich auf d i e Bank. (Auf wen oder was = wohin setze ich mich? – Akkusativ)

Ich sitze auf d e r Bank. (Auf wem = wo sitze ich? – Dativ)

Ich lege mich auf d a s Bett. (_____)

Ich liege auf _____ Bett. (_____)

Ich stelle das Klavier an _____ Wand. (_____)

Das Klavier steht an _____ Wand. (_____)

Wir hängen das Bild an _____ Wand. (_____)

Das Bild hängt an _____ Wand. (_____)

1.12 Frühjahrsputz (wo? und wohin?)

(4,5)

16 Setze in die Lücken den bestimmten Artikel im richtigen Kasus ein. Wenn du nicht sicher bist, prüfe, ob du „wo?" (Dativ) fragen kannst oder „wohin?" (Akkusativ).

(1) Wir sind bestimmt keine Putzteufel. (2) Aber einmal im Jahr krempelt die ganze Familie die Ärmel hoch und säubert die Wohnung. (3) Zuerst stellen wir alle Stühle *in* _____ Ecke. (4) *In* _____ Ecke werden wir eben erst im nächsten Jahr putzen. (5) Dann schauen wir *unter* _____ Schränke. (6) Denn vom letzten Hausputz wissen wir, dass wir *unter* _____ Schränken alles finden, was wir seit Monaten vermissen. (7) Auch *zwischen* _____ Polstern des Sofas findet man meistens noch Kostbarkeiten. (8) Darum greift mein Bruder vorsichtig *zwischen* _____ Polster und findet tatsächlich noch Krümel von seiner Geburtstagstorte vom letzten August.

17 Schreibe für die Sätze (4) – (8) die wo-/wohin-Frage auf.

(4) <u>Wo</u> werden wir _____ (in <u>der</u> Ecke)

(5) <u>Wohin</u> _____

(6) _____

(7) _____

(8) _____

Formenlehre

1. Substantiv (Nomen): Deklination

(4, 5)

1.13 Frühjahrsputz (wo? und wohin?) (Fortsetzung)

18 Setze auch hier den bestimmten Artikel im richtigen Kasus in die Lücken ein. Stelle jedesmal vorher die wo-/wohin-Frage.

(9) Als meine Mutter *hinter* _____ Sofa putzen will, stößt sie auf etwas Weiches. (10) Das ist der Hund, der sich *hinter* _____ Sofa geflüchtet hat. (11) *Über* _____ Gardinenbrett befinden sich haufenweise Spinnweben. (12) Um mit dem Staubsauger *über* _____ Brett zu kommen, steigt mein Vater *auf* _____ Leiter. (13) Da er furchtbare Angst vor Spinnen hat, bekommt er *auf* _____ Leiter einen Schwächeanfall. (14) Vorsichtig lehnt sich unser Vater *an* _____ Wand. (15) Welch ein Glück, denn bei dieser Gelegenheit entdeckt er *an* _____ Wand noch Reste von der letzten Schokokussschlacht und kann sie wegkratzen. (16) Nun sind wir auch schon fast fertig! Gemeinsam bringen wir alle Abfälle *vor* _____ Tür und häufen sie *vor* _____ Tür unseres Nachbarn fein säuberlich auf. (17) *Neben* _____ Eingang zu unserer Wohnung entdecken wir allerdings den Abfall unserer Nachbarn, die ihren Haufen einfach *neben* _____ Eingang gestellt haben. Diese Schmutzfinken!

19 Umrahme in den Texten 1.12 und 1.13 alle kursiven Wörter und vervollständige den Merksatz:

> Nach den Wörtern
>
> _____
>
> steht der D A T I V, wenn die Frage mit „wo?" anfängt.
>
> Wenn die Frage mit „ _____ ?" anfängt, steht der
>
> _____

1.14 Was ist der Unterschied? (wo? und wohin?)

a) Wir gehen <u>auf die</u> Straße. – Wir gehen <u>auf der</u> Straße.

b) Das Flugzeug fliegt <u>über den</u> Wolken. – Es fliegt <u>über die</u> Wolken.

c) Der Sportler taucht <u>in die</u> Fluten. – Er taucht <u>in den</u> Fluten.

d) Der Junge läuft <u>auf dem</u> Eis. – Der Junge läuft <u>auf das</u> Eis.

Formenlehre

1. Substantiv (Nomen): Deklination

1.15 Versteckspiel mit Hindernissen (wo? und wohin?) (4, 5)

Die fünf Ferienkinder vom Reiterhof haben sich auf _____ Platz hinter _____ Stall versammelt. Sie wollen Verstecken spielen. Michael zählt ab, während die anderen ein Versteck suchen. Anke schleicht in _____ Pferdestall, wo sie sich unter _____ Heuhaufen versteckt, der vor _____ Pferdeboxen liegt. Thomas klettert auf _____ Baum hinter _____ Geräteschuppen. Er setzt sich auf _____ Ast, an _____ die Schaukel hängt. Nicole klemmt sich in _____ Nische zwischen _____ Anbau und _____ Gartenmauer. Sandra entdeckt neben _____ Holunderbusch einen Holzstoß, hinter _____ sie sich versteckt. Als Michael endlich bis 50 gezählt hat, ist niemand mehr zu sehen. Aber da kommt der Hund der Besitzer angesprungen. „Such, Bello!", sagt Michael und krault das Tier unter _____ Kinn. Bello kennt das Spiel nicht, aber er findet es herrlich!

20 Setze den bestimmten Artikel im richtigen Kasus ein. Wenn du nicht sicher bist, prüfe, ob du „wo?" oder „wohin?" fragen kannst.

1.16 Versteckspiel mit Hindernissen (wo? und wohin?) (4, 5)
(Fortsetzung)

Bello sucht erst zwischen _____ Sträuchern, dann hinter _____ Haupthaus. Als er zu _____ Nische beim Anbau kommt, entdeckt er Nicole und hebt erfreut das Bein an _____ Mauer. Mit nassen Füßen stolpert Nicole aus dem Versteck. Michael hat sich inzwischen auf _____ Schaukel gesetzt. Er beobachtet, wie Bello in _____ Pferdestall flitzt und aufgeregt an _____ Heuhaufen kratzt. Niesend kommt Anke unter _____ Heu hervor. Aber bevor sie Bello ausschelten kann, ist der schon hinter _____ Holzstoß verschwunden und leckt begeistert Sandras Gesicht ab. Verärgert verlässt sie ihr Versteck und gibt Michael auf _____ Schaukel einen kräftigen Schubs. Da beginnt der Ast über _____ Jungen zu schwanken, Thomas kann sich auf _____ schmalen Sitz nicht mehr halten und plumpst auf _____ weichen Boden. „Ihr wart aber leicht zu finden", wundert sich Michael. Aber die anderen sind sich einig: „Das nächste Mal darf Bello nicht mitspielen!"

Formenlehre 27

2. Pronomen: Deklination

(7)

1 In Text 3.3 auf Seite 9 hast du jedes Personalpronomen genau einmal im Nominativ, Dativ und Akkusativ in die Lücken geschrieben. Übertrage nun die Personalpronomen richtig in die Tabelle.

	Singular					Plural		
	1. Person	2. Person	3. Person			1. Person	2. Person	3. Person
			Mask.	Fem.	Neutr.			
Nom.								
Dat.								
Akk.								

2.1 Sätze entschlüsseln

2 In den eckigen Klammern verbirgt sich ein verschlüsseltes Pronomen. Bei richtiger Entschlüsselung entsteht ein sinnvoller Satz.

a) [3.Sg.Fem.Nom] gibt [3.Sg.Neutr.Akk] [3.Sg.Mask.Dat].

_____

b) Stellst [2.Sg.Nom] [1.Sg.Akk] [3.Pl.Dat] vor?

_____

c) [1.Pl.Nom] haben mit [3.Pl.Dat] über [2.Sg.Akk] gesprochen.

_____

d) [1.Sg.Nom] kann [3.Sg.Neutr.Akk] [2.Pl.Dat] nur für ein paar Tage leihen.

_____

3 Lass deine Mitschüler Personalpronomen nennen. Welche Form sie bilden sollen, bestimmst du. Nimm einfach aus jeder der drei Spalten ein Element.

Beispiel: Bilde das Personalpronomen der 2. Person Singular Nominativ!

PERSON	NUMERUS	KASUS
1. Person 2. Person 3. Person Maskulinum 3. Person Femininum 3. Person Neutrum	Singular Plural	Nominativ Dativ Akkusativ

2. Pronomen: Deklination

2.2 Wie Till Eulenspiegel den Büsumern half

(7)

Einmal kam Till Eulenspiegel an die Nordsee nach Büsum. Wie *er* [3. Sg. Mask. Nom.] nun am Strand dahinwanderte, sah *er* mehrere Männer im Meer schwimmen. Plötzlich wandte sich einer von *ihnen* um und rief: „Halt, Freunde, *ich* muss *euch* doch einmal zählen, ob *wir* noch alle da sind. *Mir* scheint, einer von *uns* fehlt!" *Er* fing also an und zählte bis acht. Sich selbst zählte *er* aber nicht mit. Da befiel *ihn* ein gewaltiger Schreck und *er* schrie: „*Wir* sind nur noch acht, einer ist ertrunken!" „Lass *mich* auch einmal zählen, *du* zählst falsch", sagte der Zweite. Aber *ihm* unterlief derselbe Fehler. Nun konnten *sie* nicht mehr zweifeln, dass einer fehlte. Traurig schwammen *sie* ans Ufer zurück.

4 Die Personalpronomen sind schon unterstrichen. Bestimme Person, Numerus und Kasus, wie du es am Beispiel siehst.

2.3 Till Eulenspiegel (Fortsetzung)

(7)

5 Verfahre in diesem Text genauso.

Da trat Eulenspiegel zu *ihnen* und fragte *sie* nach ihrem Kummer. „Ach", klagten *sie*, „*wir* waren neun, als *wir* hinausschwammen, acht sind aber nur zurückgekehrt. Also muss einer ertrunken sein. Seine Kleider müssten hier am Strand sein, aber *wir* finden *sie* nicht. Hilf *uns*!" „Gut", sprach Eulenspiegel, „*ich* will *euch* helfen. *Ihr* müsst einfach alle die Nasen in den Sand stecken." Die Büsumer taten es. „Und jetzt zählt *ihr* die Löcher im Sand!" *Sie* zählten *sie* und siehe da, es waren neun Löcher! Außer sich vor Freude dankten *sie* Eulenspiegel, bewunderten *ihn* wegen seiner Klugheit und schüttelten *ihm* gerührt die Hand: „*Du* hast *uns* gerettet", riefen *sie*, „ohne *dich* wäre einer von *uns* ertrunken!"

Formenlehre

2. Pronomen: Deklination

2.4 Die Deklination des Possessivpronomens

6 Schreibe das Possessivpronomen der 3. Sg. Mask. („sein") im richtigen Kasus in die Lücken.

Oliver und sein Hund

Wenn Oliver _seine_ Aufgaben gemacht hat, geht er mit _____ Hund Denny spazieren. Der wartet schon auf ein Zeichen _____ Herrchens und holt selbst _____ Leine. Aber Oliver lässt _____ Hund fast immer frei laufen, denn der folgt _____ Herrchen aufs Wort – jedenfalls meistens. Soeben hat Denny aber etwas Aufregendes bemerkt. _____ Ohren stellen sich aufrecht, _____ Fell sträubt sich, alle Muskeln _____ Körpers sind angespannt: Ein fremder Hund! In _____ Revier! Unerhört! Jetzt nähert sich der andere Hund und auf einmal entspannt sich Dennys Körper. Er wedelt mit _____ Schwanz, denn es ist eine _____ Freundinnen, eine reizende Colliehündin. _____ Herrn hat er vergessen, denn nun spielt er ausgelassen mit _____ Freundin.

2.5 Pech gehabt!

7 Sage nicht: „*Das Auto von meinem Vater", sondern benutze den Genitiv: „Das Auto meines Vaters". Bilde Sätze wie im Beispiel.

(mein Schreibtisch) Die Platte _____ ist zerkratzt.

(mein Freund) Die Socken _____ haben ein Loch.

(dein Fahrrad) Die Speichen _____ sind verrostet.

(deine Taschenlampe) Die Batterie _____ ist leer.

(sein Anzug) Die Jacke _____ ist zerknittert.

(seine Tasse) Der Henkel _____ ist abgebrochen.

(ihre Schuhe) Die Sohlen _____ sind abgelaufen.

(ihr Mantel) Ein Knopf _____ ist abgerissen.

(unser Küchenfenster) Die Scheibe _____ ist zerbrochen.

(unsere Reisetasche) Der Schlüssel _____ ist weg.

(eure Hefte) Die Seiten _____ haben Eselsohren.

(euer Haus) Der Sturm hat das Dach _____ abgedeckt.

(ihr Zug) Sie haben die Abfahrt _____ verpasst.

(ihre Tante) Sie haben den Geburtstag _____ vergessen.

Formenlehre

3. Verb: Konjugation

3.1 Das Verb „gehen"

Dagmar und Michael packen ihre Badetasche. <u>Sie gehen</u> zum Schwimmen. Vater ruft aus dem Wohnzimmer: „Ihr geht noch weg?" – „Ja, wir gehen ins Freibad." Vater kommt aus dem Wohnzimmer, er geht mit an die Tür: „Ist gut. Aber Michael, du gehst doch nachher noch zur Oma? Du weißt, es geht ihr nicht gut." „Dagmar ist mit Einkaufen an der Reihe. Sie geht nachher bestimmt noch zur Oma. Ich gehe stattdessen morgen."

1 Unterstreiche im ganzen Text das Verb „gehen" und das Personalpronomen, das davorsteht.

2 Übertrage jetzt die unterstrichenen Verben mit ihren Personalpronomen richtig in die Tabelle. Trenne dabei Verbstamm und Verbendung.

INFINITIV (Grundform): g e h e n		
PERSON	SINGULAR	PLURAL
1. PERSON	ich geh – e	
2. PERSON		
3. PERSON		

3.2 Ein ganz unregelmäßiges Verb

3 Setze die passenden Formen des Verbs „sein" in die Lücken ein. Übertrage danach die Formen mit dem dazugehörigen Personalpronomen richtig in die Tabelle.

Sie _____ nun schon eine dreiviertel Stunde unterwegs. Peter _____ kurz vor dem Zusammenbruch: „Herr Müller, wir _____ von der Wanderung ganz furchtbar müde! Können wir nicht eine Pause machen?" „Was, ihr _____ müde? Du _____ doch sonst so sportlich, Peter! Ich _____ noch kein bisschen erschöpft. Also marsch, weiter!"

INFINITIV (Grundform): s e i n		
PERSON	SINGULAR	PLURAL
1. PERSON		
2. PERSON		
3. PERSON		

Formenlehre

3. Verb: Konjugation

3.3 Stamm und Endung

4 Verfahre bei jedem Satz mit der unterstrichenen Verbform, wie du es am Beispiel siehst.

	INFINITIV	VERBFORM	PERS./NUM.
a) Ich danke dir für deine Hilfe.	dank-en	ich dank-e	1.Sg.
b) Er prüft den Reifendruck.			
c) Wohin reist ihr in den Ferien?			
d) Du verdirbst dir noch den Magen.			
e) Sie bleiben heute zu Hause.			
f) Nachher hole ich mir ein Eis.			
g) Wir haben nicht genug Geld!			

3.4 Finde das Verb

5 Unterstreiche in jedem Satz das Verb und das dazugehörende Personalpronomen.

6 Verfahre danach wie in Aufgabe 4.

a) Sehr oft denken wir an dich.			
b) Hörst du das Geräusch?			
c) Sie schwimmen im See.			
d) Noch laufe ich schneller als du.			
e) Er ist ganz begeistert.			
f) Warum lacht ihr nicht?			
g) Das glaube ich nicht!			

3.5 Verbformen bilden

7 Lasse deine Mitschüler aus den vorgegebenen Infinitiven Verbformen bilden. Wer eine falsche Verbform sagt, muss alle Personalformen des Präsens dieses Verbs nennen.

Spielverlauf: Ein Schüler sagt: „Nenne von ‚denken' die 3. Plural". Wer die richtige Form nennt, darf als Nächster fragen.

Verben im Infinitiv:

denken – schwellen – machen – laufen – sein – sägen – sagen – decken – besuchen – wollen – säen – sehen – legen – lügen – tragen – helfen – braten – essen – fallen – schmelzen – wissen – messen – müssen – schlafen – sprechen – können – treffen – werden – waschen – haben

Lösungen

Seite 3, Aufgabe 1:

Die Heinzelmännchen schwärmten, klappten, lärmten, rupften, zupften, hüpften, trabten, putzten, schabten, backten, regten sich, ächzten, kneteten, wogen, hoben, schoben, fegten, backten, klopften, hackten.

Seite 3, Aufgabe 2:

Der Zauberer näht, schwenkt, holt, hüllt, murmelt, führt, bittet, spricht, schüttelt, zeigt, verbeugt sich.

Seite 4, Aufgaben 3 und 4:

Ein Zeuge berichtet später: Es ist/war etwa ein Uhr. Vor dem Spielzeuggeschäft in der Ulmenstraße steht/stand ein kleines Mädchen und betrachtet/betrachtete die Auslagen. Ein Mann spricht/sprach es an. Er ist/war ungefähr 35 Jahre alt und trägt/trug eine braune Lederjacke. Die Haare sind/waren auffallend blond. Beide betreten/betraten den Laden. Kurz darauf verlassen/verließen sie das Geschäft und verschwinden/verschwanden in Richtung Weidenstraße.

Seite 4, Aufgabe 5:

Endspiel – spielen
Feiertag – feiern
Pfadfinder – finden
Gemälde – malen
Metermaß – messen
Abschluss – schließen
Molkerei – melken
Fuhrmann – fahren
Antrieb – antreiben
Ankunft – kommen
Flucht – fliehen
Zeitungsbericht – berichten
Käufer – kaufen
Band – binden
Abschnitt – schneiden
Einsicht – sehen
Ausflug – fliegen
Verständnis – verstehen
Gangart – gehen
Diebstahl – stehlen
Weitwurf – werfen

Seite 5, Aufgabe 6:

a) Die Chinesen pinseln ihre Buchstaben mit Pinseln.
b) Die Einbrecher fesseln ihre Opfer mit Fesseln.
c) Am Strand liegen die Menschen überall faul auf ihren Liegen.
d) Mit dem alten Wagen wagen meine Eltern keine Reise mehr.
e) Wenn Fliegen hinter Fliegen fliegen, fliegen Fliegen hinter Fliegen her.

Seite 5, Aufgabe 7:

1. ÜBEN; 2. BLASEN; 3. EINLADEN; 4. RUTSCHEN; 5. ANFANGEN; 6. NIESEN; 7. STRICKEN; 8. TUSCHEN; 9. RIECHEN; 10. ERNTEN; 11. NICKEN; 12. GEIGEN; 13. ERBEN; 14. NASCHEN

Seite 5, Aufgabe 8:

Lösungswort: BEAUFSICHTIGEN

Seite 6, Aufgabe 1:

Lebewesen/Eigennamen/Pflanzen		Dinge	
Küster	Buche	Kiste	Tonne
Rose	Sonja	Kasse	Sonne
Riese	Autor	Burg	Auto
Bürger	Kranich	Ruder	Kran
Bruder		Buch	

Seite 6, Aufgabe 2:

Gegenstände		Gedankendinge	
Wachs	Axt	Wuchs	Angst
Wand	Zeitung	Wunsch	Zeit
Pass	Zeiger	Wunder	Urlaub
Schalter	Uhr	Spaß	Scherz
Schal	Scherbe	Schall	Schmerz

Seite 6, Merkwürdige Berufe:

a) Rasenmäher; b) Brieföffner; c) Ohrenschützer; d) Scheinwerfer; e) Wolkenkratzer; f) Bleistiftanspitzer

Seite 7, Aufgabe 3:

Die aufregendsten Abenteuer erlebt Dirk beim Schein der Taschenlampe unter der Bettdecke. Er darf abends im Bett nicht mehr lesen, aber um dieses Verbot seiner Eltern kümmert er sich nicht, denn eben ist er an einer besonders spannenden Stelle angelangt: Die drei Jungen sind bei ihrer Verfolgung der Verbrecher an ein leer stehendes Haus gekommen, in dem sie einen Schlupfwinkel der Bösewichter vermuten. Unter großen Schwierigkeiten dringen sie ins Haus ein. Deutlich ist die Stimme des jungen Verbrechers zu hören.
Sein älterer Komplize lässt nur ab und zu ein Brummen vernehmen. Da, plötzlich das Klappen einer Tür, Geräusche ganz in ihrer Nähe! Hastig suchen die Kinder ein Versteck hinter den Vorhängen. Zitternd spüren sie eine tastende Hand, die nach dem Stoff greift und … Auf einmal umgibt Dirk blendende Helligkeit. Seine Mutter hat mit einem Ruck die Bettdecke weggerissen. Nun steht sie an der Bettkante und findet vor Empörung keine Worte. Buch und Taschenlampe nimmt sie an sich, ohne Rücksicht darauf, dass die Spannung gerade auf dem Höhepunkt ist!

Seite 8, Aufgabe 1:

(Die Pronomen sind hier doppelt unterstrichen statt eingerahmt.)

a) Die Bremsbeläge müssen erneuert werden. Sie sind abgefahren.
b) Kennst Du schon den neuen Film? Er soll sehr gut sein.
c) Wenn ich Marco treffe, sage ich ihm gehörig die Meinung.
d) Damit die Tiere im Winter nicht hungern, richtet man ihnen Futterplätze ein.

Lösungen

e) Ich suche mein Englischbuch. Hast du es irgendwo gesehen?
f) Ulla kann die Matheaufgaben nicht. Ihre Mutter erklärt sie ihr noch einmal.
g) Hast du schon mit dem neuen Schüler gesprochen? Ich finde ihn sehr nett.

Seite 8, Aufgabe 2:

a) Klaus leiht Michael sein Fahrrad. Er leiht es ihm.
b) Inga gibt Christina den Brief. Sie gibt ihn ihr.
c) Thomas liebt Susi und Susi liebt Thomas. Er liebt sie und sie liebt ihn.
d) Meine Schwester und ich spielen mit dem Baby. Wir spielen mit ihm.
e) Der Dieb wird vom Richter verurteilt. Er wird von ihm verurteilt.

Seite 8, Aufgabe 3:

(Die Personalpronomen sind hier unterstrichen statt umrahmt.)
Arne und Saskia stehen am Waldsee, der als spiegelblanke Eisfläche vor ihnen liegt. Das Thermometer war mehrere Nächte unter null. Ob das Eis sie schon trägt? Es erscheint ihnen ziemlich sicher. Vorsichtig betritt Saskia das Eis. Arne steht noch am Ufer. Ihm ist etwas mulmig. Aber Saskia geht schon weiter und fordert ihn auf nachzukommen. Als er gerade auf das Eis gehen will, bricht Saskia ein. Bis über die Knie steht sie im Wasser und der Boden unter ihr ist schlammig. Auf dem Bauch rutscht Arne näher zu ihr, bis sie ihm die Hand geben kann. Nun kann er sie herausziehen. Das war knapp!

Seite 9, Aufgabe 4:

Ich, mir, mich, du, dir, dich, Sie, ihr, sie, Er, ihm, ihn, Es, ihm, es, Wir, uns, uns, euch, ihr, euch, Sie, sie, ihnen

Seite 9, Aufgabe 5:

Personalpronomen, bei denen
- eine oder mehrere Personen von sich selbst sprechen:
  ich, mir, mich, wir, uns
- jemand eine oder mehrere Personen anspricht, die ihm vertraut sind:
  du, dir, dich, euch, ihr
- bei denen über eine oder mehrere andere Personen gesprochen wird:
  sie, ihr, er, ihm, ihn, es, sie, ihnen

Seite 10, Possessivpronomen anstelle von Personalpronomen:

(Die Possessivpronomen sind hier unterstrichen statt umrahmt.)
Es ist mein Buch. Es ist deine Kette. Es ist sein Schlüssel. Es ist ihr Heft. Es ist unsere Idee. Es ist eure Sache. Es ist ihr Geld.

Seite 10, Aufgabe 6

Personalpronomen		Possessivpronomen	
mir		mein	deinem
du	mir	deine	
es		unserem	
sie	ihnen	ihre	
sie	euch	eure	

Seite 10, Aufgabe 7:

a) meiner; b) Unseren; c) eure; d) deinem; e) ihrem; ihrer; ihren; f) seinem; seinen; g) seine; h) unsere; unserem;

Seite 11, Aufgaben 8 und 9:

(Die Personal- und Possessivpronomen sind unterstrichen, alle anderen Pronomen sind eingeklammert.)
Als Christine aus der Schule kommt, ist ihr Fahrrad verschwunden. Ihre Klassenkameraden sind noch bei ihr. [Alle] helfen ihr beim Suchen. [Einige] sehen hinter dem Gebäude nach, [andere] laufen zur Turnhalle. [Ein paar] suchen die Straße ab. Aber [keiner] findet das Rad. Schließlich ist nur noch ihre Freundin bei ihr. [Beide] gehen zum Hausmeister. „Haben Sie [etwas] bemerkt oder [jemanden] gesehen?" „Nein", bedauert [der], „[das] tut mir Leid. Ich habe [nichts] bemerkt und [niemanden] gesehen. Hier kann [jeder] leicht auf das Gelände kommen. Ich kann ja nicht [alles] sehen! [Dies] hier ist [kein] Ausnahmefall. Schon [mancher] hat sein Rad vergeblich gesucht. [Man] muss es eben immer gut anschließen, denn [die meisten] sehen ihr gestohlenes Rad nie wieder."

Seite 11, Aufgabe 10:

alle, einige, andere, ein paar, keiner, beide, etwas, jemanden, der, das, nichts, niemanden, jeder, alles, dies, kein, mancher, man, die meisten.

Seite 11, Aufgabe 11:

alle Klassenkameraden, einige Kinder, andere Schüler, ein paar Freunde, beide Mädchen, etwas Verdächtiges, der Hausmeister, das Unglück, nichts Besonderes, jeder Mensch, alles Auffällige, dies Fahrrad, kein Ausnahmefall, mancher Jugendliche, die meisten Schüler;

Seite 12, Aufgabe 12:

Es war Weihnachtstag, an dem alle, außer Großmutter und mir, zur Kirche gefahren waren. Ich glaube, dass wir im ganzen Haus allein waren. Wir hatten nicht mitfahren können, weil die eine zu jung und die andere zu alt war. Und wir waren beide ganz traurig darüber, dass wir nicht zur Frühmette fahren und die Weihnachtskerzen sehen konnten. Als wir aber so in unserer Einsamkeit dasaßen, begann Großmutter zu erzählen:
„Es war einmal ein Mann, der in eine dunkle Nacht hinausging um sich etwas Feuersglut zu holen. Er ging von Hütte zu Hütte und klopfte an jede Tür. ‚Helft mir, ihr lieben Leute!', sagte er. ‚Mein Weib ist eben eines Kindleins

Lösungen

genesen und ich muss Feuer anzünden um sie und das Kindlein zu erwärmen.' Aber es war tiefe Nacht, sodass alle Menschen schon fest schliefen. Niemand antwortete ihm. Der Mann ging immer weiter. Schließlich gewahrte er in weiter Ferne einen hellen Feuerschein. Er wanderte in diese Richtung fort und sah, dass das Feuer im Freien brannte. Eine Menge weißer Schafe lagerte schlafend ringsumher und ein alter Hirt saß daneben und bewachte die Herde. Als der Mann, der das Feuer holen wollte, die Schafe erreicht hatte, sah er, dass drei große Hunde schlafend zu des Hirten Füßen lagen. Bei seinem Kommen erwachten sie alle drei und sperrten ihre weiten Rachen auf, als ob sie bellen wollten, man vernahm jedoch keinen Laut. Der Mann sah, dass sich die Haare auf ihren Rücken sträubten, er sah, dass ihre spitzen Zähne im Feuerschein weiß leuchtend aufblitzten, und er sah auch, dass sie auf ihn zustürzten. Er fühlte, dass einer ihn ins Bein biss, der Zweite nach seiner Hand schnappte und der Dritte ihm an die Kehle sprang. Aber die Kinnladen und die Zähne, mit denen die Hunde ihn beißen wollten, gehorchten nicht und der Mann erlitt nicht den geringsten Schaden.
Nun wollte er vorwärts gehen um zu holen, was er brauchte. Aber die Schafe lagen Rücken an Rücken so dicht gedrängt, dass er nicht vorwärts kam. Und der Mann schritt über die Rücken der Tiere zum Feuer hin, aber keines erwachte oder bewegte sich."
Bis dahin hatte Großmutter ungestört erzählen können, länger jedoch vermochte ich nicht an mich zu halten ohne sie zu unterbrechen. „Weshalb taten sie es nicht, Großmutter?", fragte ich. „Das wirst du bald erfahren", sagte Großmutter und erzählte weiter.

Seite 13, Aufgabe 1:

a) Es ist schmutzig.
b) Es ist hungrig.
c) Er ist musikalisch.
d) Er ist unaufmerksam.
e) Es ist bunt.
f) Er ist taub.
g) Das Eis ist glatt.
h) Es ist hoch.

Seite 13, Aufgabe 2:

a) ein schmutziges Fahrrad
b) ein hungriges Kind
c) ein musikalischer Junge
d) ein unaufmerksamer Schüler
e) ein buntes Kleid
f) ein tauber Mann
g) das glatte Eis
h) ein hohes Haus

Seite 13, Aufgabe 3:

Substantiv (Nomen)	Verb	Adjektiv
der Biss	beißen	bissig
der Ärger	ärgern	ärgerlich
der Bruch	brechen	brüchig
die Flucht	fliehen	flüchtig
die Sicht	sehen	sichtbar
die Bemühung	bemühen	mühsam
die Schrift	schreiben	schriftlich
der Grund	gründen	gründlich

Seite 14, Aufgabe 4:

Positiv	Komparativ	Superlativ
alt	älter	am ältesten
klug	klüger	am klügsten
hoch	höher	am höchsten
tief	tiefer	am tiefsten
dunkel	dunkler	am dunkelsten
gut	besser	am besten
fröhlich	fröhlicher	am fröhlichsten
schmal	schmäler/schmaler	am schmalsten
nah	näher	am nächsten
lustig	lustiger	am lustigsten
trocken	trockener	am trockensten

Seite 14, Aufgabe 5:

Verben		Nomen (Substantive)		Adjektive	
altern	frieren	Aster	Brei	alt	ruhig
albern	befreien	Ofen	Ruhe	albern	frei
öffnen	treffen	Öffnung	Feier	offen	tief
hoffen	vertiefen	Hof	Tier	höflich	angenehm
einigen		Harfe	Treffen	einig	nah
bereiten		Huf	Annahme	breit	vornehm
ruhen		Einigkeit	Name	bereit	

Seite 15, Aufgabe 6:

a) Yvonne ist schwerer als Bernd.
b) Donald Duck ist ärmer als Onkel Dagobert. / Donald Duck ist jünger als Onkel Dagobert. / Onkel Dagobert ist reicher als Donald Duck. / Onkel Dagobert ist älter als Donald Duck.
c) Der Pullover ist so billig / teuer wie die Hose.
d) Der Mount Everest ist höher als die Zugspitze.
e) Ein Auto ist schneller als ein Fahrrad.
f) Im Sommer ist es wärmer als im Winter. / Im Winter ist es kälter als im Sommer.

Seite 15, Aufgabe 7:

so groß wie, größer als, sowieso am größten; so schnell wie ein, schneller als ein, sowieso am schnellsten; so schön wie ein, schöner als ein, sowieso am schönsten; so klug wie, klüger als, sowieso am klügsten;

Seite 16, Aufgabe 8:

Der Junge gehorchte und schloss leise die Tür. Dann näherte er sich der Bücherwand und guckte vorsichtig um die Ecke. Dort saß in einem hohen Ohrenbackensessel aus abgewetztem Leder ein schwerer, untersetzter Mann. Er hatte einen zerknitterten schwarzen Anzug an, der abgetragen und irgendwie staubig aussah. Sein Bauch wurde von

Lösungen

einer geblümten Weste zusammengehalten. Der Mann hatte eine Glatze, nur über die Ohren stand je ein Büschel weißer Haare in die Höhe. Das Gesicht war rot und erinnerte an das einer bissigen Bulldogge. Auf der knollenförmigen Nase saß eine kleine goldene Brille. Außerdem rauchte der Mann aus einer gebogenen Pfeife, die aus seinem Mundwinkel hing, wodurch der ganze Mund schief gezogen war. – Auf den Knien hielt er ein Buch, in welchem er offenbar gerade gelesen hatte, denn er hatte beim Zuklappen den dicken Zeigefinger seiner linken Hand zwischen den Seiten gelassen – als Lesezeichen sozusagen.

Seite 16, Aufgabe 9:

Den ganzen Tag schleppten sie sich dahin, bis der kalte und frühe Abend hereinbrach. Das Land wurde trockener und unfruchtbarer. Ein paar einsame Vögel piepsten und klagten, bis die runde, rote Sonne langsam hinter den westlichen Schatten versank; dann hüllte eine unheimliche Stille sie ein. Die Hobbits dachten an den sanften Schein des Sonnenuntergangs, der durch die freundlichen Fenster des fernen Beutelsend schimmerte.
Als der Tag endete, kamen sie zu einem Bach und an seinen Ufern gingen sie entlang, solange es hell blieb. Es war schon Nacht, als sie ihr Lager unter ein paar verkrüppelten Erlen aufschlugen. Vor ihnen erhoben sich jetzt gegen den dämmrigen Himmel die kahlen und baumlosen Bergrücken.
Am nächsten Morgen brachen sie gleich nach Sonnenaufgang auf. Die Luft war kühl und der Himmel von blasser, klarer Bläue. Die Hobbits fühlten sich wieder frisch. Sie gewöhnten sich schon daran, viel zu laufen bei schmaler Kost. Pippin erklärte, dass Frodo doppelt so kräftig sei wie zuvor.
„Sehr merkwürdig", sagte Frodo, „wenn man bedenkt, dass ich in Wirklichkeit schlanker geworden bin. Ich hoffe, die Abmagerungskur macht keine weiteren Fortschritte, sonst werde ich ein Geist." „Sprecht nicht von solchen Dingen!", sagte Streicher schnell und mit überraschendem Ernst.

Seite 17, Aufgaben 1 und 3:

(Die Verben sind doppelt unterstrichen, die Substantive einfach unterstrichen, die Artikel sind eckig eingeklammert, die Pronomen geschweift eingeklammert, die Adjektive sind durchgestrichen und die Partikeln rund eingeklammert.)
(Als) Robinson Crusoes Schiff strandet, kommen {alle} Seeleute (außer) Robinson (ums) Leben. {Er} rettet {sich} (auf) [eine] unbewohnte Insel (irgendwo) (im) Atlantischen Ozean. (Dort) lebt {er} (nun) (schon) viele Jahre. {Er} hat [eine] sichere Höhle, {alles} nötige Werkzeug, Fleisch (und) Milch (von) {seiner} Ziegenherde (und) (sogar) [ein] kleines Getreidefeld. (Vielleicht), (so) überlegt {er} (manchmal), ist {er} (hier) glücklicher (als) (jemals) (zuvor) (in) {seinem} Leben. (Nur) (an) [die] Einsamkeit gewöhnt {er} {sich} (nicht), (deshalb) hält {er} (so) (oft) (wie) möglich Ausschau (nach) [einem] Schiff. [Eines] Tages rettet {er} [einen] jungen Eingeborenen (vor) [dem] Tode. (Nun) hat {er} [einen] Gefährten (und) ist (sehr) glücklich (darüber). (Erst) (nach) 28¹ Jahren gelangt {er} (wieder) (in) {seine} Heimat England.

¹: Bei „28" handelt es sich um ein Numerale (= Zahlwort).

PARTIKELN: als, außer, ums, auf, irgendwo, im, dort, nun, schon, und, von, und, sogar, vielleicht, so, manchmal, hier, als, jemals, zuvor, in, nur, an, nicht, deshalb, so, oft, wie, nach, vor, nun, und, sehr, darüber, erst, nach, wieder, in;

Seite 17, Aufgabe 4 und Seite 18, Aufgabe 8:

a) Iris und Angela zählen ihr Geld. Leider reicht es nicht für einen Kinobesuch.
b) Der Junge zählt bis zwanzig, während die anderen sich verstecken.
c) Mein Bruder weiß noch nicht, was er in den Ferien machen will. Entweder fährt er mit uns an die See oder er bleibt allein zu Hause.
d) Vater sucht den Autoschlüssel im ganzen Haus, er weiß, dass er ihn irgendwo hingelegt hat, aber wo?

Seite 18, Aufgabe 5:

draußen, rechts, hinten, oben, oft, immer, nachher, abends, nirgends/nirgendwo, abwärts

Seite 18, Aufgabe 6:

vor, zu(r), mit, in, für, aus, nach

Seite 18, Aufgabe 7:

zum Beispiel: auf dem Schreibtisch, unter dem Bett, im Regal, hinter dem Schrank, zwischen den Abenteuerbüchern, usw.

Seite 19, Aufgabe 1:

der Hahn, der Hühner, dem Pferd, die Katze, die Hühner, des Hahns, der Katze, den Hahn, die Katze, des Pferdes, den Hühnern, das Pferd, das Pferd, der Katze, dem Hahn, die Hühner;

Seite 19, Aufgabe 2:

	Singular		Plural
Maskulinum	Femininum	Neutrum	Mask./Fem./Neutr.
der Hahn	die Katze	das Pferd	die Hühner
des Hahns	der Katze	des Pferdes	der Hühner
dem Hahn	der Katze	dem Pferd	den Hühnern
den Hahn	die Katze	das Pferd	die Hühner

Lösungen

Seite 20, Aufgabe 3:

Frage	Antwort	Kasus
Wem gibt der Gärtner Wasser?	den Blumen	Dativ
Wer (was) wedelt mit dem Schwanz?	der Hund	Nominativ
Wen (was) holt Vater um einen Nagel einzuschlagen?	den Hammer	Akkusativ
Wem erklärt die Lehrerin die Hausaufgaben?	den Schülern	Dativ
Wen lädt Anke zum Eis ein?	ihre Schwester	Akkusativ
Wem helfen manche Eltern bei den Hausaufgaben?	ihren Kindern	Dativ
Wessen entledigt er sich?	seines Mantels	Genitiv
Wem machen die Gallier das Leben schwer?	den Römern	Dativ
Wen (was) sollte man sich nach jeder Mahlzeit putzen?	die Zähne	Akkusativ

Seite 20, Aufgabe 4:

a) (wem?) Schneewittchen
b) (wen? was?) sieben Fliegen
c) (wer?) Rotkäppchen
d) (wessen?) des Wolf(e)s
e) (wen? was?) einen Schuh
f) (wem?) den sieben Zwergen
g) (wessen?) des tapferen Schneiderleins
h) (wem?) der Prinzessin
i) (wen? was?) den Frosch
j) (wessen?) der Großmutter

Seite 21, Aufgabe 5:

Maskulinum	Femininum	Neutrum
der Mann	die Frau	das Kind
der Kontrabass	die Geige	das Cello
der Rock	die Hose	das Kleid
der Hengst	die Stute	das Fohlen
der Löffel	die Gabel	das Messer
der Hahn	die Henne	das Küken
der Wein	die Limonade	das Bier
der Ort	die Stadt	das Dorf

Seite 21, Aufgabe 6:

die Zeitung: Fem.   der Stift: Mask.   das Auge: Neutr.
das Gebüsch: Neutr.   der Vogel: Mask.   der Rock: Mask.
der Baum: Mask.   das Leben: Neutr.   der Freund: Mask.
das Mädchen: Neutr.   der Hals: Mask.   die Bahn: Fem.
die Hose: Fem.   die Brille: Fem.

Seite 22, Aufgabe 7:

der Mann: Nom. Sg. Mask.
dem Verkäufer: Dat. Sg. Mask.
der Mädchen: Gen. Pl. Neutr.
die Häuser: Nom./Akk. Pl. Neutr.
den Garten: Akk. Sg. Mask.
den Gärten: Dat. Pl. Mask.
das Halsband: Nom./Akk. Sg. Neutr.
des Wassers: Gen. Sg. Neutr.
dem Tag: Dat. Sg. Mask.
der Mutter: Gen./Dat. Sg. Fem.
den Katzen: Dat. Pl. Fem.
die Sachen: Nom./Akk. Pl. Fem.

Seite 22, Aufgabe 8:

das Kind: die Kinder   die Stute: den Stuten
der Ring: der Ringe   das Bett: dem Bett
die Mauer: die Mauer   der Bären: die Bären
das Auge: den Augen   die Blume: der Blumen
der Baum: des Baumes   der Arm: dem Arm
das Tier: den Tieren   die Arbeit: die Arbeit
der Spaß: die Späße   das Licht: des Licht(e)s
der Deckel: des Deckels   die Maus: den Mäusen

Seite 22, Aufgabe 9:

Die Zeitung erscheint jeden Tag neu.
Am Kiosk kaufe ich mir die Zeitung.
Ich leihe mir das Fahrrad der Freundin aus.
Er schenkt der Freundin einen Blumenstrauß.
Das Essen schmeckt heute sehr gut.
Sie kann das Essen im Urlaub nicht vertragen.
Die Kinder spielen auf der Wiese.
Der Vater begleitet die Kinder zur Schule.

Seite 23, Aufgabe 10:

	Maskulinum	Femininum	Neutrum	Plural
Nom.	der Mann	die Biene	das Jahr	die Tiere
Gen.	des Mannes	der Biene	des Jahres	der Tiere
Dat.	dem Mann	der Biene	dem Jahr	den Tieren
Akk.	den Mann	die Biene	das Jahr	die Tiere

Seite 23, Aufgaben 11 und 12:

Cäsar — wer? — Nom.
Gallien — wen?/was? — Akk.
ein Dorf — wer?/was? — Nom.
den Römern — wem? — Dat.
Das Dorf — wer?/was? — Nom.
der Gallier — wessen? — Gen.
die Römer — wer? — Nom.
ein Lager — wen?/was? — Akk.
die Gallier — wer? — Nom.
die Römer — wen? — Akk.
den Römern — wem? — Dat.
einen Streich — wen?/was? — Akk.
den Zaubertrank — wen?/was? — Akk.
des Druiden Miraculix — wessen? — Gen.

Lösungen

die Dorfbewohner	wer?	Nom.
einen Schluck	wen?	Akk.
des Zaubertranks	wessen?	Gen.
Asterix	wem?	Dat.
der Zaubertrank	wer?	Nom.
ein Abenteuer	wen?/was?	Akk.
Obelix	wer?	Nom.
der stärkste Mann	wer?	Nom.
des Dorfes	wessen?	Gen.
den Dorfbewohnern	wem?	Dat.
die Hinkelsteine	wen?/was?	Akk.
Asterix	wem?	Dat.
Die Abenteuer	wer?/was?	Nom.
die Freunde	wen?	Akk.
Asterix und Obelix	wer?	Nom.
eine Aufgabe	wen?/was?	Akk.
die Dorfbewohner	wer?	Nom.
den Freunden	wem?	Dat.
ein Festmahl	wen?/was?	Akk.

Seite 24, Aufgabe 13:

1) Die Kinder kommen aus dem Garten, aus der Schule, aus dem Haus, aus den Ferien.
2) Störe bitte nicht bei der Arbeit, bei dem Fernsehen, bei dem Vortrag, bei den Hausaufgaben.
3) Unsere neue Wohnung liegt gegenüber den Grünanlagen, gegenüber dem Theater, gegenüber der Post, gegenüber dem Stadtpark.
4) Mit der Arbeit beginne ich nach dem Geburtstag, nach den Ferien, nach dem Weihnachtsfest, nach dem Essen.
5) Das Rauchen hat Gisela aufgegeben seit dem 1. Januar, seit der letzten Woche, seit den olympischen Spielen, seit dem vorigen Jahr.
6) Bitte, gib mit noch etwas von der Salami, von dem Käse, von den Gurken, von dem Weißbrot!
7) Nach dem Abendessen gehen wir gleich zu der Veranstaltung, zu dem Boxkampf, zu dem Straßenfest, zu den Kindern von nebenan.
8) Ich esse meistens mit dem Löffel, mit der Gabel, mit dem Messer, mit den Fingern.

Seite 24, Aufgabe 14:

zum Beispiel:
Sonntags gehe ich mit meinen Eltern _durch den Wald_ und _durch die Fußgängerzone_.
Wir kämpfen _für den Frieden_ und _für die Gerechtigkeit_.
Ich bin _gegen den Krieg_ und _gegen die Gewalt_.
Aus dem Haus gehe ich nie _ohne den Mantel_ und _ohne die Brille_.
Bei ihrem Training läuft meine Schwester _um den Sportplatz_ und _um die Aschenbahn_.

Seite 25, Aufgabe 15:

…
Ich lege mich auf das Bett. (Wohin lege ich mich? – Akkusativ)
Ich liege auf dem Bett. (Wo liege ich? – Dativ)
Ich stelle das Klavier an die Wand. (Wohin stelle ich das Klavier? – Akkusativ)
Das Klavier steht an der Wand. (Wo steht das Klavier? – Dativ)
Wir hängen das Bild an die Wand. (Wohin hängen wir das Bild? – Akkusativ)
Das Bild hängt an der Wand. (Wo hängt das Bild? – Dativ)

Seite 25, Aufgaben 16 und 19:

(Die kursiven Wörter sind hier unterstrichen statt umrahmt.)
…
3) … _in_ die Ecke.
4) _In_ der Ecke …
5) … _unter_ die Schränke.
6) … _unter_ den Schränken …
7) … _zwischen_ den Polstern …
8) … _zwischen_ die Polster …

Seite 25, Aufgabe 17:

4) _Wo_ werden wir eben erst im nächsten Jahr putzen? (in _der_ Ecke)
5) _Wohin_ schauen wir dann? (unter _die_ Schränke)
6) _Wo_ finden wir alles, was wir seit Monaten vermissen? (unter _den_ Schränken)
7) _Wo_ findet man meistens noch Kostbarkeiten? (zwischen _den_ Polstern)
8) _Wohin_ greift mein Bruder vorsichtig? (zwischen _die_ Polster)

Seite 26, 1.14:

(Was ist der Unterschied?)

a) Akkusativ – Dativ
b) Dativ – Akkusativ
c) Akkusativ – Dativ
d) Dativ – Akkusativ

Seite 26, Aufgaben 18 und 19:

(Die kursiven Wörter sind hier unterstrichen statt umrahmt.)
9) … _hinter_ dem Sofa …
10) … _hinter_ das Sofa …
11) _Über_ dem Gardinenbrett …
12) … _über_ das Brett … _auf_ die Leiter.
13) … _auf_ der Leiter …
14) … _an_ die Wand.
15) … _an_ der Wand …
16) … _vor_ die Tür … _vor_ der Tür …
17) _Neben_ dem Eingang … _neben_ den Eingang …

Seite 26, Aufgabe 19:

Nach den Wörtern _in, unter, zwischen, hinter, über, auf, an, vor, neben_ steht der DATIV, wenn die Frage mit „wo?" anfängt.
Wenn die Frage mit „wohin?" anfängt, steht der AKKUSATIV.

Seite 27, Aufgabe 20:

auf dem Platz hinter dem Stall; in den Pferdestall; unter dem Heuhaufen; vor den Pferdeboxen; auf den Baum hinter dem Geräteschuppen; auf den Ast, an dem die Schaukel; in die Nische zwischen dem Anbau und der

Lösungen

Gartenmauer; neben dem Holunderbusch; hinter dem; unter dem Kinn;
(Fortsetzung)
zwischen den Sträuchern; hinter dem Haupthaus; zu der Nische; an der Mauer, auf die Schaukel; in den Pferdestall; an dem Heuhaufen; unter dem Heu; hinter dem Holzstoß; auf der Schaukel; über dem Jungen; auf dem schmalen Sitz; auf den weichen Boden;

Seite 28, Aufgabe 1:

	Singular					Plural		
	1. Person	2. Person	3. Person			1. Person	2. Person	3. Person
			Mask.	Fem.	Neutr.			
Nom.	ich	du	er	sie	es	wir	ihr	sie
Dat.	mir	dir	ihm	ihr	ihm	uns	euch	ihnen
Akk.	mich	dich	ihn	sie	es	uns	euch	sie

Seite 28, Aufgabe 2:

a) Sie gibt es ihm.
b) Stellst du mich ihnen vor?
c) Wir haben mit ihnen über dich gesprochen.
d) Ich kann es euch nur für ein paar Tage leihen.

Seite 29, Aufgabe 4:

er: 3. Sg. Mask. Nom.
ihnen: 3. Pl. Dat.
euch: 2. Pl. Dat.
Mir: 1. Sg. Dat.
Er: 3. Sg. Mask. Nom.
ihn: 3. Sg. Mask. Akk.
Wir: 1. Pl. Nom.
du: 2. Sg. Nom.
sie: 3. Pl. Nom.

er: 3. Sg. Mask. Nom.
ich: 1. Sg. Nom.
wir: 1. Pl. Nom.
uns: 1. Pl. Dat.
er: 3. Sg. Mask. Nom.
er: 3. Sg. Mask. Nom.
mich: 1. Sg. Akk.
ihm: 3. Sg. Mask. Dat.
sie: 3. Pl. Nom.

Seite 29, Aufgabe 5:

ihnen: 3. Pl. Dat.
sie: 3. Pl. Nom.
wir: 1. Pl. Nom.
sie: 3. Pl. Akk.
ich: 1. Sg. Nom.
Ihr: 2. Pl. Nom.
Sie: 3. Pl. Nom.
sie: 3. Pl. Nom.
ihm: 3. Sg. Mask. Dat.
uns: 1. Pl. Akk.
dich: 2. Sg. Akk.

sie: 3. Pl. Akk.
wir: 1. Pl. Nom.
wir: 1. Pl. Nom.
uns: 1. Pl. Dat.
euch: 2. Pl. Dat.
ihr: 2. Pl. Nom.
sie: 3. Pl. Akk.
ihn: 3. Sg. Mask. Akk.
Du: 2. Sg. Nom.
sie: 3. Pl. Nom.
uns: 1. Pl. Dat.

Seite 30, Aufgabe 6:

seine, seinem, seines, seine, seinen, seinem, Seine, sein, seines, seinem, seinem, seiner, Seinen, seiner;

Seite 30, Aufgabe 7:

meines Schreibtisch(e)s, meines Freund(e)s, deines Fahrrad(e)s, deiner Taschenlampe, seines Anzug(e)s, seiner Tasse, ihrer Schuhe, ihres Mantels, unseres Küchenfensters, unserer Reisetasche, eurer Hefte, eures Hauses, ihres Zug(e)s, ihrer Tante;

Seite 31, Aufgabe 1:

Dagmar und Michael packen ihre Badetasche. <u>Sie gehen</u> zum Schwimmen. Vater ruft aus dem Wohnzimmer: „<u>Ihr geht</u> noch weg?" – „Ja, <u>wir gehen</u> ins Freibad." Vater kommt aus dem Wohnzimmer, <u>er geht</u> mit an die Tür: „Ist gut. Aber Michael, <u>du gehst</u> doch nachher noch zur Oma? Du weißt, <u>es geht</u> ihr nicht gut." „Dagmar ist mit Einkaufen an der Reihe. <u>Sie geht</u> nachher bestimmt noch zur Oma. <u>Ich gehe</u> stattdessen morgen."

Seite 31, Aufgabe 2:

Infinitiv (Grundform): g e h e n		
PERSON	SINGULAR	PLURAL
1. PERSON	ich geh-e	wir geh-en
2. PERSON	du geh-st	ihr geh-t
3. PERSON	er/sie/es geh-t	sie geh-en

Seite 31, Aufgabe 3:

sind, ist, sind, seid, bist, bin;

Infinitiv (Grundform): s e i n		
PERSON	SINGULAR	PLURAL
1. PERSON	ich bin	wir sind
2. PERSON	du bist	ihr seid
3. PERSON	er/sie/es ist	sie sind

Seite 32, Aufgabe 4:

Infinitiv	Verbform	Person/Numerus
dank-en	ich dank-e	1. Sg.
prüf-en	er prüf-t	3. Sg. (Mask.)
reis-en	ihr reis-t	2. Pl.
verderb-en	du verdirb-st	2. Sg.
bleib-en	sie bleib-en	3. Pl.
hol-en	ich hol-e	1. Sg.
hab-en	wir hab-en	1. Pl.

Seite 32, Aufgabe 5:

a) Sehr oft <u>denken wir</u> an dich.
b) <u>Hörst du</u> das Geräusch?
c) <u>Sie schwimmen</u> im See.
d) Noch <u>laufe ich</u> schneller als du.
e) <u>Er ist</u> ganz begeistert.
f) Warum <u>lacht ihr</u> nicht?
g) Das <u>glaube ich</u> nicht!

Lösungen

Seite 32, Aufgabe 6:

Infinitiv	Verbform	Person/Numerus
denk-en	wir denk-en	1. Pl.
hör-en	du hör-st	2. Sg.
schwimm-en	sie schwimm-en	3. Pl.
lauf-en	ich lauf-e	1. Sg.
sei-n	er ist	3. Sg. (Mask.)
lach-en	ihr lach-t	2. Pl.
glaub-en	ich glaub-e	1. Sg.

Seite 33, Aufgabe 8:

(Die Substantive und Personalpronomen sind hier doppelt unterstrichen statt umkreist.)

Endlich ist er da, der neue Computer! Vorsichtig tragen Maike und Jens die beiden großen Pakete ins Haus. „Wenn ihr noch etwas wartet, helfe ich euch!", ruft Herr Kirchner. „Ach, Papa, davon verstehst du nichts, wir machen das allein." Jetzt kommt die Verdrahtung. „Wo hast du die Betriebsanleitung? Also: Dieser Stecker kommt in die Buchse." „Welche meinst du? Hier sind mehrere." „Ich mache das schon! Damit verbinden wir den Computer mit dem Monitor. Und nun kommen beide Stecker in die Steckdose. So, das haben wir!" „Seid ihr schon fertig?" Herr Kirchner betrachtet das Wunderwerk. Maike schiebt die Systemdiskette in das Laufwerk, Jens drückt den Knopf. Nichts geschieht! „Seht ihr", sagt Herr Kirchner. Er verdrahtet alles noch einmal. Aber erst nach einem weiteren Versuch merken sie, dass der Monitor nicht in Ordnung ist. So ein Pech!

Seite 33, Aufgabe 9:

ist: 3. (Mask.) Sg.
wartet: 2. Pl.
ruft: 3. (Mask.) Sg.
machen: 1. Pl.
hast: 2. Sg.
meinst: 2. Sg.
mache: 1. Sg.
kommen: 3. Pl.
Seid: 2. Pl.
schiebt: 3. (Fem.) Sg.
geschieht: 3. (Neutr.) Sg.
sagt: 3. (Mask.) Sg.
merken: 3. Pl.

tragen: 3. Pl.
helfe: 1. Sg.
verstehst: 2. Sg.
kommt: 3. (Fem.) Sg.
kommt: 3. (Mask.) Sg.
sind: 3. Pl.
verbinden: 1. Pl.
haben: 1. Pl.
betrachtet: 3. (Mask.) Sg.
drückt: 3. (Mask.) Sg.
Seht: 2. Pl.
verdrahtet: 3. Sg.
ist: 3. (Mask.) Sg.

Seite 33, Aufgabe 10:

PRÄSENS („Gegenwart")	PRÄTERITUM („Vergangenheit")
Heute läuft er viel besser.	Gestern lief er viel besser.
Heute scheint die Sonne.	Gestern schien die Sonne.
Heute ist schönes Wetter.	Gestern war schönes Wetter.
Heute liegen wir im Garten.	Gestern lagen wir im Garten.
Heute habt ihr schlechte Laune.	Gestern hattet ihr schlechte Laune.
Heute wird sie 11 Jahre alt.	Gestern wurde sie 11 Jahre alt.
Heute singen die Kinder im Chor.	Gestern sangen die Kinder im Chor.
Heute gibt es Fischstäbchen.	Gestern gab es Fischstäbchen.
Heute bleiben wir zu Hause.	Gestern blieben wir zu Hause.

Seite 34, Aufgabe 11:

	Tempus	Person/Numerus	Infinitiv
a) Er liest gerne Detektivromane.	Präs.	3. Sg. (Mask.)	lesen
b) Wir liefen um die Wette.	Prt.	1. Pl.	laufen
c) Du bist mein bester Freund.	Präs.	2. Sg.	sein
d) Sie schufteten im Garten.	Prt.	3. Pl.	schuften
e) Das Wetter wurde besser.	Prt.	3. Sg. (Neutr.)	werden
f) Ich warte schon lange auf dich.	Präs.	1. Sg.	warten
g) Mein Opa war früher Soldat.	Prt.	3. Sg. (Mask.)	sein
h) Ihr wandert durch die Felder.	Präs.	2. Pl.	wandern
i) Ich hatte nicht genug Geld.	Prt.	1. Sg.	haben

Seite 34, Aufgabe 12:

er siegt – er siegte	ich leide – ich litt
er biegt – er bog	ich vermeide – ich vermied
er liegt – er lag	ich unterscheide – ich unterschied
er wiegt (2) – er wiegte – er wog	ich bekleide – bekleidete
wir graben – wir gruben	sie bringen – sie brachten
wir schaben – wir schabten	sie singen – sie sangen
wir haben – wir hatten	sie klingen – sie klangen
es sinkt – es sank	sie raufen – sie rauften
es blinkt – es blinkte	sie ersaufen – sie ersoffen
es stinkt – es stank	sie laufen – sie liefen
ihr denkt – ihr dachtet	wir sehen – wir sahen
ihr schenkt – ihr schenktet	wir stehen – wir standen
ihr versenkt – ihr versenktet	wir gehen – wir gingen
du erschreckst (2) – du erschrakst – du erschrecktest	sie fliehen – sie flohen
du bedeckst – du bedecktest	sie ziehen – sie zogen

Lösungen

Seite 35, Aufgabe 13:

a) sie lag b) wir schreiben
c) du lachst d) sie saßen
e) er verschwendete f) es verschwand
g) ich bin h) ihr hattet

Seite 35, Aufgabe 14:

wartete: 3. Sg. Prt. schrie: 3. (Mask.) Sg. Prt.
streckte: 3. (Mask.) Sg. Prt. sah: 3. (Mask.) Sg. Prt.
gab: 3. (Mask.) Sg. Prt. verschwand: 3. (Mask.) Sg. Prt.
lachten: 3. Pl. Prt. verstehe: 1. Sg. Präs.
sagte: 3. (Neutr.) Sg. Prt. lachen: 1. Pl. Präs.
lachst: 2. Sg. Präs. antwortet: 3. (Mask.) Sg. Präs.
Habt: 2. Pl. Präs. bin: 1. Sg. Präs.

Seite 35, Aufgabe 15:

führte: 3. (Fem.) Sg. Prt. sprach: 3. (Fem.) Sg. Prt.
seid: 2. Pl. Präs. ernähre: 1. Sg. Präs.
schlugen: 3. Pl. Prt. sind: 1. Pl. Präs.
kennen: 1. Pl. Präs. töten: 3. Pl. Präs.
entgegnete: 3. (Fem.) Sg. Prt. fliegt: 2. Pl. Präs.
geschieht: 3. (Neutr.) Sg. Präs. klagten: 3. Pl. Prt.
stellten: 3. Pl. Prt. fiel: 3. (Fem.) Sg. Prt.
sehe: 1. Sg. Präs. kennt: 2. Pl. Präs.
lachte: 3. (Fem.) Sg. Prt. schwang: 3. (Fem.) Sg. Prt.

Seite 36, Aufgabe 16:

a) er sieht an b) er übersieht c) er sieht ein
d) er suchte auf e) er untersuchte f) er besuchte

Seite 36, Aufgabe 17:

a) ... trocknet ... ab. abtrocknen
b) ... gehen ... vorüber. vorübergehen
c) ... gehen ... aus. ausgehen
d) ... nehme an, ... aufhört. annehmen, aufhören
e) ... läufst ... weg, ... bellt ... an? weglaufen, anbellen

Seite 36, Aufgabe 18:

a) ... sucht ... suchen
 ... untersucht ... untersuchen
 ... sucht ... suchen
 ... sucht ... ab ... absuchen (X)
 ... versucht ... versuchen
b) ... kommt, kommt ... an. kommen, ankommen (X)
 ... muss ... warten ... müssen, warten
 ... bekommt. bekommen
 ... kommt ... vor vorkommen (X)

Seite 37, Aufgabe 19:

	Person/Numerus/Tempus	Verbzusatz
1)	schlendert: 3. Sg. Präs.	entlang
2)	wartet: 3. Sg. Präs.	
	trifft: 3. Sg. Präs.	
3)	hält: 3. Sg. Präs.	an
	schaut: 3. Sg. Präs.	an
4)	fällt: 3. Sg. Präs.	
5)	fährt: 3. Sg. Präs.	
	spritzt: 3. Sg. Präs.	
6)	fährt: 3. Sg. Präs.	weiter
	steht: 3. Sg. Präs.	da
	schaut: 3. Sg. Präs.	herunter
7)	sieht: 3. Sg. Präs.	aus
8)	fällt: 3. Sg. Präs.	ein
9)	hat: 3. Sg. Präs.	
	kehrt: 3. Sg. Präs.	um
	geht: 3. Sg. Präs.	
10)	wechselt: 3. Sg. Präs.	
11)	rollt: 3. Sg. Präs.	zusammen
	bringt: 3. Sg. Präs.	
12)	wundert: 3. Sg. Präs.	
	sieht: 3. Sg. Präs.	
	denkt: 3. Sg. Präs.	
13)	passiert: 3. Sg. Präs.	
14)	sagt: 3. Sg. Präs.	
	lächelt: 3. Sg. Präs.	
15)	zündet: 3. Sg. Präs.	an
16)	führt: 3. Sg. Präs.	
	merkt: 3. Sg. Präs.	
	brennt: 3. Sg. Präs.	
17)	fällt: 3. Sg. Präs.	ein
	fiel: 3. Sg. Prt.	
18)	geht: 3. Sg. Präs.	zurück
19)	sieht: 3. Sg. Präs.	
	davonläuft: 3. Sg. Präs.	(davon)
20)	stampft: 3. Sg. Präs.	auf
	knickt: 3. Sg. Präs.	um
21)	habe: 1. Sg. Präs.	
	ärgert: 3. Sg. Präs.	
	sieht: 3. Sg. Präs.	
	steigt: 3. Sg. Präs.	
	davonfährt: 3. Sg. Präs.	(davon)

Lösungen

Seite 38, Aufgaben 1 und 2:

(Die einzelnen Wortgruppen sind hier umklammert statt umrahmt)
[Robinson Crusoe] [lebte] [viele Jahre] [auf einer einsamen Insel].
1) Robinson Crusoe lebte auf einer einsamen Insel viele Jahre.
2) Viele Jahre lebte Robinson Crusoe auf einer einsamen Insel.
3) Auf einer einsamen Insel lebte Robinson Crusoe viele Jahre.
4) Viele Jahre lebte auf einer einsamen Insel Robinson Crusoe.

Seite 38, Aufgabe 3:

(Die einzelnen Wortgruppen sind hier umklammert statt umrahmt)
[Einmal] [bestellte] [Eulenspiegel] [ohne einen Pfennig Geld] [in einem Wirtshaus] [ein Mittagessen].
1) Eulenspiegel bestellte einmal ohne einen Pfennig Geld in einem Wirtshaus ein Mittagessen.
2) Ohne einen Pfennig Geld bestellte Eulenspiegel einmal in einem Wirtshaus ein Mittagessen.
3) Ein Mittagessen bestellte Eulenspiegel einmal ohne einen Pfennig Geld in einem Wirtshaus.
4) In einem Wirtshaus bestellte Eulenspiegel einmal ohne einen Pfennig Geld ein Mittagessen.
5) Eulenspiegel bestellte einmal in einem Wirtshaus ohne einen Pfennig Geld ein Mittagessen.
6) Ohne einen Pfennig Geld bestellte einmal Eulenspiegel ein Mittagessen in einem Wirtshaus.
7) Einmal bestellte Eulenspiegel in einem Wirtshaus ohne einen Pfennig Geld ein Mittagessen.
8) Ein Mittagessen bestellte Eulenspiegel einmal in einem Wirtshaus ohne einen Pfennig Geld.

Seite 39, Aufgabe 4:

a) [Jeden Tag] [gehen (V)] [die Kinder] [zum Abenteuerspielplatz]. (4)
b) [Dort] [bauen (V)] [sie] [aus alten Brettern] [eine kleine Hütte]. (5)
c) [Ein Sozialarbeiter] [hilft (V)] [ihnen] [dabei]. (4)
d) [Heute] [nieselt (V)] [es] [schon] [den ganzen Tag]. (5)
e) [Trotz des schlechten Wetters] [arbeiten (V)] [die meisten Kinder] [fröhlich] [am Bau]. (5)
f) [Sie] [decken (V)] [an diesem Tag] [das Dach] [mit Schindeln]. (5)
g) [Das] [fällt (V)] [den Kindern] [ziemlich schwer]. (4)
h) [Immer wieder] [rutscht (V)] [Hartmut] [die Schindel] [vom Dach]. (5)
i) [Außerdem] [tropft (V)] [ihm] [der Regen] [schon] [in den Kragen]. (6)
j) [Wütend] [stampft (V)] [er] [schließlich] [mit dem Fuß] [auf den Boden]. (6)
k) [Geduldig] [zeigt (V)] [der Sozialarbeiter] [es] [ihm] [noch einmal]. (6)
l) [Aber] [Hartmut] [hat (V)] [jetzt] [keine Lust]. (5)
m) [Er] [sitzt (V)] [schmollend] [in der Hütte] [auf dem harten Boden]. (5)
n) [Da] [kommt (V)] [ihm] [auf einmal] [eine glänzende Idee]. (5)
o) [Ohne ein Wort] [holt (V)] [er] [von zu Hause] [aus dem Keller seiner Eltern] [einen alten Teppich]. (6)
p) [Zum Schluss] [sitzen (V)] [alle] [stolz auf ihr Werk] [bei einem heißen Tee] [in der Hütte] [auf Hartmuts Teppich]. (7)

Seite 40, Aufgabe 5:

Folgende Sätze müssen durchgestrichen werden:
a) Ich ans Meer fahre. Fahre ans Meer ich.
b) Ans Meer heute ich fahre. Ich heute fahre ans Meer.
c) Mit dir ich ans Meer heute fahre. Heute ans Meer ich fahre mit dir.

Seite 40, Aufgabe 6:

Ein Aussagesatz klingt nur richtig, wenn das Verb als 2. Satzglied steht.

Seite 40, Aufgabe 7:

Papa schläft nach der Arbeit ein (VZ). Papa schläft nach der Arbeit müde ein (VZ). Papa schläft nach der Arbeit abends müde ein (VZ). Papa schläft nach der Arbeit abends müde vor dem Fernseher ein (VZ).

Seite 40, Aufgabe 8:

Stellungsplan des Aussagesatzes:
[1. Satzglied] – [Personalform des Verbs] – [andere Satzglieder] – [Verbzusatz]

Seite 41, Aufgabe 1:

Papa bereitet das Frühstück vor.	Bereitet / Papa / das Frühstück / vor? V + 2 Satzglieder + VZ
Die Kinder räumen nach jeder Mahlzeit den Tisch ab.	Räumen / die Kinder / nach jeder Mahlzeit / den Tisch / ab? V + 3 Satzglieder + VZ
Alle kochen abwechselnd ihr Lieblingsgericht.	Kochen / alle / abwechselnd / ihr Lieblingsgericht? V + 3 Satzglieder
Das Bad putzt Xaver jeden dritten Tag gründlich.	Putzt / Xaver / jeden dritten Tag / das Bad / gründlich? V + 4 Satzglieder
Sonja geht regelmäßig dreimal täglich mit dem Hund spazieren.	Geht / Sonja / regelmäßig / dreimal täglich / mit dem Hund / spazieren? V + 4 Satzglieder + VZ
Anna macht alle Einkäufe.	Macht / Anna / alle Einkäufe? V + 2 Satzglieder
Papa bedient die Waschmaschine.	Bedient / Papa / die Waschmaschine? V + 2 Satzglieder
Jeder räumt außer seinem eigenen Zimmer einen weiteren Raum auf.	Räumt / jeder / außer seinem eigenen Zimmer / einen weiteren Raum / auf? V + 3 Satzglieder + VZ
Das Säubern der Räume übernimmt die Familie einmal wöchentlich gemeinsam.	Übernimmt / die Familie / das Säubern der Räume / einmal wöchentlich / gemeinsam? V + 4 Satzglieder

Lösungen

Seite 42, Aufgabe 2:

Jorgos erzählt:	Seine Freunde fragen nach:
... war ich auf dem Lessingplatz	Wann / warst / du / dort? *Fragewort + V + 2 Satzglieder*
Da drehte das Fernsehen gerade ... für eine Familienserie.	Was / drehte / das Fernsehen / da / gerade / für eine Familienserie? *Fragewort + V + 4 Satzglieder*
In dieser Folge sitzen die Eltern mit ihrem Sohn ...	Wo / sitzen / die Eltern / in dieser Folge / mit ihrem Sohn? *Fragewort + V + 3 Satzglieder*
Sie ...	Was / machen / sie? *Fragewort + V + 1 Satzglied*
... stopft inzwischen Unmengen von Kuchen in sich hinein.	Wer / stopft / inzwischen / Unmengen von Kuchen / in sich hinein? *Fragewort + V + 2 Satzglieder + VZ*
Diese Szene wiederholten sie ...	Wie oft / wiederholten / sie / diese Szene? *Fragewort + V + 2 Satzglieder*
Beim sechsten Mal wurde ... schlecht.	Wem / wurde / beim sechsten Mal / schlecht? *Fragewort + V + 2 Satzglieder*
... war unmöglich.	Was / war / unmöglich? *Fragewort + V + 1 Satzglied*
Da fiel der Blick ... auf mich.	Wessen Blick / fiel / da / auf dich? *Fragewort + V + 2 Satzglieder*
Er holte ... aus der Menge der Zuschauer.	Wen / holte / er / aus der Menge der Zuschauer? *Fragewort + V + 2 Satzglieder*
Jetzt spielte doch tatsächlich ... die Rolle des Jungen.	Wer / spielte / jetzt / doch / tatsächlich / die Rolle des Jungen? *Fragewort + V + 4 Satzglieder*
Der Regisseur fand mich ...	Wie / fand / dich / der Regisseur? *Fragewort + V + 2 Satzglieder*
Er bot ... gleich einen Vertrag an.	Wem / bot / er / gleich / einen Vertrag / an? *Fragewort + V + 3 Satzglieder + VZ*

Stellungsplan des Fragesatzes:
Entscheidungsfrage: [Personalform des Verbs] – [Satzglieder] – [Verbzusatz]
Auskunftsfrage: [Fragewort] – [Personalform des Verbs] – [Satzglieder] – [Verbzusatz]

Seite 43, 3.1. Der Stellungsplan des Aufforderungssatzes:

a) Schreibt!	V
b) Schreibt ab!	V + VZ
c) Schreibt / den Text / ab!	V + 1 Satzglied + VZ
d) Schreibt / bitte / den Text / von der Tafel / ab!	V + 3 Satzglieder + VZ

Stellungsplan des Aufforderungssatzes:
[Verb] – [Satzglieder] – [Verbzusatz]

Seite 43, Aufgabe 1:

a) Räumt / vor dem Abendessen / alle Spielsachen /
   V   + 3 Satzglieder
   in die Regale / ein!
            VZ

b) Nach der Befragung des Angeklagten / ruft / der
   1. Satzglied +   V +
   Gerichtsdiener / den ersten Zeugen / herein.
          2 Satzglieder +   VZ

c) Hört / ihr / mir / zu?
   V + 2 Satzglieder + VZ

d) Ich / vermisse / meinen Führerschein / seit einigen Tagen.
   1. Satzglied + V + 2 Satzglieder

e) Wann genau / kommt / der Zug / mit Oma / morgen /
   Fragewort + V +   4 Satzglieder +
   am Hauptbahnhof / an?
                VZ

f) Hilf / deinem Mitschüler / bei den Aufgaben!
   V + 2 Satzglieder

g) Siehst / du / dir / den neuen Film / im Kino-Center / an?
   V + 4 Satzglieder   + VZ

Seite 43, Aufgabe 2:

Aussagesatz	Fragesatz	Aufforderungssatz
Ihr steht auf.	Steht ihr auf?	Steht auf!
Du bist mutig.	Bist du mutig?	Sei mutig!
Ihr gebt etwas ab.	Gebt ihr etwas ab?	Gebt etwas ab!
Du nimmst etwas.	Nimmst du etwas?	Nimm etwas!
Ihr passt gut auf.	Passt ihr gut auf?	Passt gut auf!

Seite 44, Aufgabe 1:

INA:	OPA:
...	...
Sascha. Vier Abenteurer müssen sich durch ein Höhlensystem kämpfen.	*Wer muss sich durch ein Höhlensystem kämpfen?*
Vier Abenteurer. Die Eigenschaften der Abenteurer bestimmt der Spieler.	*Wer bestimmt die Eigenschaften der Abenteurer?*
Der Spieler. Zum Beispiel muss unbedingt ein Magier dabei sein.	*Wer muss unbedingt dabei sein?*
Ein Magier. In dem Labyrinth lauern nämlich überall gefährliche Monster.	*Wer lauert überall in dem Labyrinth?*
Gefährliche Monster. Die Riesenspinne kann nur mit einem Zauberspruch erledigt werden.	*Wer kann nur mit einem Zauberspruch erledigt werden?*
Die Riesenspinne. Auch die lila Würmer sind schwer zu besiegen.	*Wer ist auch schwer zu besiegen?*
Die lila Würmer. Irgendwo im Labyrinth ist der Firestaff verborgen.	*Wer ist irgendwo im Labyrinth verborgen?*
Der Firestaff. Und ganz am Schluss wird Lord Chaos besiegt.	*Wer wird ganz am Schluss besiegt?*
Lord Chaos. Ach, Opa, du verstehst das natürlich alles nicht!	Schon möglich, mein Kind. Aber eines ist mir klar geworden: Dein Verstand ist vermutlich in dem Labyrinth verloren gegangen ...
Wer ist in dem Labyrinth verloren gegangen?	*Dein Verstand!*

Lösungen

Seite 45, Aufgabe 2:

(Prädikat: einfach unterstrichen;
Subjekt: doppelt unterstrichen)

a) Das Schaf blökt.
b) Der kleine Junge weint.
c) Wir warten.
d) Der Gefangene flüchtet.
e) Es schneite heftig.
f) Die Vögel fliegen fort.
g) Ich rufe an.
h) Die Milch kocht über.
i) Da ist der Zug aus Dresden.
j) Dein Vater wird staunen.
k) Wo ist das Kino?
l) Wir werden sehen.
m) Ihr schaut aufmerksam zu.
n) Wann kommen deine Gäste?
o) Kommt ihr mit?
p) Hier bin ich.

Seite 45, Aufgabe 3:

(Prädikat: einfach unterstrichen;
Subjekt: doppelt unterstrichen)

Zwei Reisende / kehrten / einst / hungrig / in ein Gasthaus / ein.	Wer kehrte … ein ?
Beim Wirt / bestellten / sie / Forellen.	Wer bestellte beim Wirt Forellen?
Nach kurzer Zeit / brachte / ihnen / der Wirt / auf einer Platte / eine große und eine kleine Forelle.	Wer brachte ihnen … die Forellen?
Sofort / griff / der eine der Reisenden / nach der größeren Forelle.	Wer griff nach der größeren Forelle?
Bei so viel Rücksichtslosigkeit / verging / dem anderen / der Appetit.	Wer / was verging dem anderen?
Mit scharfen Worten / sagte / er / seinem Kameraden / die Meinung.	Wer sagte … die Meinung?
Der / schluckte / erst / genüsslich / den letzten Bissen / herunter.	Wer schluckt erst … den Bissen herunter?
„Welche Forelle / nimmt / man / denn / deiner Meinung nach?"	Wer nimmt welche Forelle?
„Ich / nehme / aus Höflichkeit / natürlich / immer / die kleinere Forelle!"	Wer nimmt … immer die kleinere Forelle?
„Worüber / regst / du / dich / auf? Genau die / liegt / doch / auf deinem Teller."	Wer regt sich auf? Wer liegt auf deinem Teller?

Seite 46, Aufgabe 4:

(Prädikat: einfach unterstrichen;
Subjekt: doppelt unterstrichen)

a) In seinem Märchen „Das hässliche Entlein" erzählt Hans Christian Andersen von einem Schwanenküken, das unter Enten aufwächst.
b) Alle verachten es, weil es anders aussieht.
c) Seine Geschwister beißen es, die Hühner schlagen es und schließlich flieht das hässliche Entlein vom Bauernhof.
d) Erst nehmen wilde Enten es zu sich, aber Jäger schießen sie tot.
e) Dann behalten Menschen das Küken bei sich, aber auch da erlebt es nur Enttäuschungen.
f) Als der Winter kommt, ist es ganz allein im Moor.

Seite 46, Aufgabe 5:

(Prädikat: einfach unterstrichen;
Subjekt: doppelt unterstrichen)

Viel Not musste das Entlein in dem harten Winter erdulden. Aber endlich begann die Sonne wieder warm zu scheinen und die Lerchen sangen und es war herrlicher Frühling. Da konnte das Entlein auf einmal seine Flügel schwingen, sie trugen es kräftig davon. Ehe es selbst recht wusste, befand es sich in einem großen Garten, wo der Flieder duftete. Gerade kamen aus dem Dickicht drei prächtige weiße Schwäne. Sie winkten mit den Flügeln und das Entlein folgte ihnen hinaus auf das Wasser. „Sie werden mich totschlagen, weil ich ihnen zu nahe komme", dachte das Entlein und es blickte traurig ins Wasser. Da sah ihm sein eigenes Spiegelbild entgegen – ein schöner weißer Schwan. Die großen Schwäne umschwammen den Neuen und alle streichelten ihn mit den Schnäbeln. Kinder kamen, die Brot ins Wasser warfen, und alle sagten: „Der Neue ist so jung und prächtig!" Und die alten Schwäne neigten sich vor ihm. Da brausten seine Federn, der schlanke Hals hob sich und aus vollem Herzen jubelte er: „So viel Glück habe ich mir nicht träumen lassen, als man mich noch das hässliche Entlein nannte!"

Seite 47, Aufgabe 1:

(Prädikat: einfach unterstrichen;
Subjekt: doppelt unterstrichen)

a) Die Klasse 5a besucht mit ihrer Lehrerin den Tierpark.
b) Jedes Kind soll ein Tier seiner Wahl beobachten und beschreiben.
c) Vor dem Eingang zählt die Lehrerin noch einmal die Kinder.
d) Dann sucht jeder sein Tier.
e) Hanno hat sich den Elefanten vorgenommen.
f) Einige Kinder beobachten das Verhalten der Schimpansen.
g) Schließlich sammelt die Lehrerin alle Kinder auf dem Spielplatz.
h) Aber sie vermisst Hanno.
i) Sie suchen den Jungen überall.
j) Schließlich entdecken sie ihn bei den Robben.
k) Er darf dem Wärter bei der Fütterung den Eimer tragen.
l) Darüber hat er ganz die Zeit vergessen.

Seite 47, Aufgabe 2:

a) Wen (was) besucht die Klasse 5a mit ihrer Lehrerin?
b) Wen (was) soll jedes Kind beobachten und beschreiben?
c) Wen (was) zählt die Lehrerin noch einmal vor dem Eingang?
d) Wen (was) sucht dann jeder?
e) Wen (was) hat Hanno sich vorgenommen?
f) Wen (was) beobachten einige Kinder?
g) Wen (was) sammelt schließlich die Lehrerin auf dem Spielplatz?
h) Wen (was) vermisst sie?
i) Wen (was) suchen sie überall?
j) Wen (was) entdecken sie schließlich bei den Robben?
k) Wen (was) darf er dem Wärter bei der Fütterung tragen?
l) Wen (was) hat er darüber ganz vergessen?

Lösungen

Seite 48, Aufgabe 3:

(Prädikat: einfach unterstrichen; Subjekt: doppelt unterstrichen; Akkusativobjekt: kursiv)

a) Eines Tages / betrat / ein fremder Gast / *das Gasthaus „Zum Ochsen"*.
b) Für sein Geld / verlangte / er / knapp und forsch / *ein Stück Braten mit frischem Gemüse*.
c) Dazu / bestellte / er / noch / *eine kräftige Fleischsuppe*.
d) Die Kellnerin / fragte / ihn, / ob / er / nicht auch / *ein Glas Wein* / trinken möchte.
e) Wenn / er / das / auch noch / für sein Geld / bekomme, / nehme / er / es / gerne, / antwortet / der Gast.
f) Nun / brachte / man / ihm / *die Speisen und den Wein*.
g) Der Gast / aß und trank / *alles* / mit großem Genuss.
h) Nach Beendigung der Mahlzeit / brachte / ihm / der Wirt / *die Rechnung*.
i) Der Mann / langte / in die Tasche / und / legte / *einen Sechser* / auf den Tisch.
j) Erstaunt / verlangte / der Wirt / *mehr Geld*.
k) Aber / der Gast / zeigte / ihm / nur / *seine leeren Taschen*.
l) Daraufhin / wollte / der Wirt / *den Gast* / vor den Richter / bringen.
m) Doch / der Mann / erinnerte / ihn / an seine Worte /
n) und / verließ / freundlich grüßend / *das Gasthaus*.

Seite 48, Aufgabe 4:

a) … den Zeugen / den Angeklagten.
b) Den neuen Film / Mein neues Fahrrad …
c) … deine Freundin / deine Großeltern …
d) Ein eigenes Zimmer / Ein neues Fahrrad …
e) … den Schwindel / meine neuen Schuhe …
f) … den Staat / unserer Familie …
g) … die Aktentasche / den Einkaufskorb … seinen Mantel / seinen Regenschirm … das Feuerzeug / die Streichhölzer … eine Zigarette / eine Pfeife …

Seite 49, Aufgabe 5:

(Prädikat: einfach unterstrichen; Subjekt: doppelt unterstrichen; Akkusativobjekt: kursiv)

„Und ob ich will!", rief Herr Fusi. „Was muss ich tun?" „Aber, mein Bester", antwortet der Agent und zog *die Augenbrauen* hoch. „Sie werden doch wissen, wie man Zeit spart! Sie müssen zum Beispiel schneller arbeiten und *alles Überflüssige* weglassen. Statt einer halben Stunde widmen Sie einem Kunden nur noch *eine Viertelstunde*. Sie vermeiden *Zeit raubende Unterhaltungen*. Sie verkürzen *die Stunde* bei ihrer alten Mutter auf eine halbe. Am besten geben Sie sie überhaupt in ein gutes, billiges Altersheim, wo für *sie* gesorgt wird, dann haben Sie bereits *eine ganze Stunde* täglich gewonnen. Schaffen Sie *den unnützen Wellensittich* ab! Besuchen Sie *Fräulein Daria* nur noch alle vierzehn Tage einmal, wenn es überhaupt sein muss. Lassen Sie *die Viertelstunde Tagesrückschau* ausfallen und vor allem, vertun Sie *Ihre kostbare Zeit* nicht mehr so oft mit Singen, Lesen oder gar mit ihren sogenannten Freunden. Ich empfehle Ihnen übrigens ganz nebenbei *eine große, gut gehende Uhr* in Ihren Laden zu hängen, damit Sie *die Arbeit Ihres Lehrjungen* genau kontrollieren können."
„Nun gut", meinte Herr Fusi, „*das alles* kann ich tun, aber die Zeit, die mir auf diese Weise übrig bleibt – was soll ich mit ihr machen? Muss ich *sie* abliefern? Und wo? Oder soll ich *sie* aufbewahren? Wie geht *das Ganze* vor sich?"

Seite 50, Aufgabe 1:

	FRANK
Onkel: Hör mal, Frank, bringe doch bitte Frau Gruber die Unterschriftenmappe zurück.	Wem soll ich die Unterschriftenmappe zurückbringen?
Frau Gruber. Frau Gruber: Gut, dass du da bist, Frank! Melde doch bitte der Personalchefin, dass ein Herr Hartig im Vorzimmer wartet.	Wem soll ich melden, dass ein Herr Hartig im Vorzimmer wartet?
Der Personalchefin. Personalchefin: Also du bist Frank! Da kannst du gleich einmal den Damen im Vorzimmer einen Kaffee kochen!	Wem soll ich einen Kaffee kochen?
Den Damen im Vorzimmer. Vorzimmerdame: Aha, ein neues Gesicht! Hilf doch bitte dem Azubi die Akten einzuordnen!	Wem soll ich helfen die Akten einzuordnen?
Dem Azubi. Auszubildender: Zu zweit macht die Arbeit viel mehr Spaß! Der Chef sagt, du sollst dem Lieferanten den Weg zeigen.	Wem soll ich den Weg zeigen?
Dem Lieferanten: Lieferant: Danke, mein Junge! Ich muss gleich weiter. Gib bitte dem Buchhalter die Rechnung.	Wem soll ich die Rechnung geben?
Dem Buchhalter. Buchhalter: Aha, die neue Lieferung! Frau Gruber hat übrigens angerufen. Du möchtest deinem Onkel den Wagen waschen.	Wem soll ich den Wagen waschen?
Deinem Onkel. Onkel: Jetzt ist der Wagen wieder wie neu, aber du siehst ganz alt aus. Ich gratuliere dir zu deinem ersten Tag in der Firma!	Wem gratulierst du zum ersten Tag in der Firma?
Dir.	

Seite 51, Aufgabe 2:

	Subjekt	Prädikat	Dativobjekt	Akkusativobjekt
a)	Der Lehrer	gibt auf	uns	viele Hausaufgaben
b)	Er Seine Eltern	schreibt schreiben	seinen Eltern ihm	einen Brief
c)	Er Sie	bringt	ihr ihm	es
d)	Das Kind	bietet an	der alten Dame	einen Platz
e)	Wir Sie	versprechen verspricht	ihr uns	alles
f)	Mein Bruder	stellt vor	seinen Eltern	seine Freundin
g)	Der Schüler	liest vor	der Klasse	seinen Aufsatz
h)	Unser Vater Der Besucher	führt vor	dem Besucher unserem Vater	den Urlaubsfilm

L 13

Lösungen

Seite 51, Aufgabe 3:

(Prädikat: einfach unterstrichen; Subjekt: doppelt unterstrichen; Akkusativobjekt: kursiv; Dativobjekt: durchgestrichen)

a) Wir / wünschen / dem Geburtstagskind / *Gesundheit und ein langes Leben*.
b) *Den Diebstahl* / müssen / die Geschädigten / der Versicherung / melden.
c) Essen und Trinken / hält / *Leib und Seele* / zusammen.
d) Warum / tut / er / uns / *das* / an?
e) Nur / ihrer besten Freundin / zeigt / Svenja / *ihr Tagebuch*.
f) Einem Tier / darf / man / *kein Leid* / zufügen.
g) *Ihren Schmuck* / wird / Tante Irene / später / einmal / ihrer Nichte / vererben.
h) Schenkst / du / den Gästen / bitte / *ein Glas Wein* / ein?
i) Meine Damen und Herren, / *die Sendungen des heutigen Abends* / zeigen / Ihnen / die nachfolgenden Anzeigetafeln.

Seite 52, Aufgabe 4:

(Prädikat: einfach unterstrichen; Subjekt: doppelt unterstrichen; Akkusativobjekt: kursiv; Dativobjekt: durchgestrichen)

Vor langer Zeit, / als / es / noch / *keine Sparkassen* / gab, / besaßen / zwei Männer / *ein gemeinsames Vermögen von fünfhundert Gulden*.
Sie / wollten / *es* / später / einmal / gemeinsam / nutzen.
Eines Tages / unternahmen / die beiden / *eine lange Reise*.
Das Geld / gaben / sie / einer ehrlichen Witwe / in Verwahrung.
Sie / sollte / *es* / keinem allein / zurückgeben, / sondern / nur / ihnen beiden zusammen.
Nach mehreren Monaten / kam / nun / der eine Mann / zu der Witwe / und sagte: / „Mein Teilhaber / ist / tot. Geben / sie / mir / *die fünfhundert Gulden*!"
Leichtgläubig / gab / ihm / die Witwe / *das ganze Geld*.
Einige Wochen später / kam / aber / der andere Mann / und erzählte / ihr / *dieselbe Lüge*.
Als / er / erfuhr, / dass / die Frau / *das Geld* / nicht mehr / hatte, / verklagte / er / sie / beim Richter.
Nun / ging / es / der Witwe / übel, / denn / sie / konnte / nicht einmal / *den Anwalt* / bezahlen.
Aus Mitleid / bot / ihr / einer / *seine Hilfe* / an.
Vor Gericht / sprach / er: / „Die Frau / gibt zu, / dass / sie / dem Kläger und seinem Partner / *fünfhundert Gulden* / schuldet.
Nach der Abmachung / darf / sie / *es* / aber / nur / beiden zusammen / geben.
Deswegen / soll / der Kläger / *seinen Partner* / herbringen.
Wenn / beide / da / sind, / wird / die Frau / ihnen gemeinsam / *die ganze Summe* / auszahlen."
Der Richter / stimmte / dieser Regelung / zu.
So / gewann / die Witwe / *den Prozess*. / Der Kläger / wartet / aber / noch immer / auf den zweiten Mann.

Seite 53, Aufgabe 1:

a) Man beschuldigt ihn des Diebstahls, des Betrugs und der Fälschung.
b) Er rühmt sich seiner Stärke, seines Mutes und seiner Klugheit.
c) Er bemächtigt sich der Herrschaft, des Reiches, des Geldes.
d) Er bedient sich des Messers, der Gabel und des Löffels.
e) Er gedenkt seiner Mutter, seines Vaters und seiner anderen Verwandten.

Seite 53, Aufgabe 2:

a) Frodo bemächtigt sich des Zauberrings.
b) Der Ork rühmt sich seiner übernatürlichen Kraft.
c) Um die Tür zu öffnen bedient er sich des magischen Schlüssels.
d) Der Hobbit würdigt die Eindringlinge keines Blickes.
e) Gandalf erwehrt sich erfolgreich seines mächtigen Gegners.
f) Frodo gedenkt seiner glücklichen Jugend im Hobbitland.
g) Gollum beschuldigt Frodo des Diebstahls.
h) Bevor es zu spät ist, entledigt sich Frodo des unheilvollen Ringes.

Seite 54, Aufgaben 1 und 2:

Seit zwei Jahren wechselt Jenny Briefe mit ihrer gleichaltrigen griechischen Brieffreundin auf der Insel Kreta. Nun wird sie in diesem Sommer ganz allein zu Maria und ihrer Familie fliegen. Es ist Jennys erster Flug. Am Ferienbeginn herrscht auf dem Flugplatz ein großes Durcheinander. Aber Jennys Chartermaschine hebt pünktlich ab. Nach dem Start lehnt sich Jenny im Sitz zurück. Sie wird diesen Flug genießen. Der Walkman liegt griffbereit in ihrer Tasche. Da kommt auch schon die Stewardess. Freundlich bietet sie den Fluggästen Getränke und einen Imbiss an. Bei aufgeklappten Tischchen kommt Jenny in dem engen Flugzeug natürlich nur mit einigen Verrenkungen an ihren Walkman heran. Darum gießt sie leider den ganzen Apfelsaft über ihre Kleidung. Auch für dieses Missgeschick hält die Stewardess ein Lächeln bereit. Sie erlebt so etwas wohl häufiger. Jenny allerdings ist die ganze Sache furchtbar peinlich. Außerdem klebt ihre Hose. Zum Glück verläuft der Rest des Fluges ohne weitere Zwischenfälle.

Seite 54, Aufgabe 3:

Am Flughafen nimmt die ganze Familie Jenny herzlich in Empfang. Nun beginnt ein aufregendes und ungewohntes Leben für Jenny. Gleich am ersten Abend gibt Maria eine Party für ihre Freundin. Um 10 Uhr abends kommen die ersten Gäste an. Da liegt Jenny normalerweise schon im Bett. Aber sie hält tapfer durch. Außerdem hat Maria furchtbar viele Verwandte. Sie werden sie im Laufe der vier Wochen alle der Reihe nach besuchen. Alle sind sie sehr nett und gastfreundlich. Es wird ein sehr schöner Urlaub. Hoffentlich wird Maria sich im nächsten Jahr in Jennys ruhiger Familie nicht langweilen.

Lösungen

Seite 55, Aufgabe 4:

a) Du bringst die Fotos zum Fotohändler.(!)
b) Bringst du auf dem Rückweg gleich Milch mit?
c) Bring auch noch etwas Käse mit!
d) Sind Sie nun zufrieden?
e) Sehen Sie sich das an!
f) Seid nicht so ängstlich!
g) Seid ihr sehr ängstlich?
h) Prüft ihr das Ergebnis noch einmal nach?
i) Prüft das Ergebnis noch einmal nach!
j) Kommst du nachher noch vorbei?
k) Du kommst nie pünktlich.(!)
l) Kommt diesmal nicht zu spät!
m) Aller guten Dinge sind drei.
n) Viele Menschen haben Angst vor Spinnen.

Seite 55, Aufgabe 6:

Mutter: Hole bitte noch die Thermosflasche! Ich bin dann soweit. Wo bleibt Marina? Was macht sie nur so lange?

Vater: Kommst du, Marina? Beeil dich! Wir fahren gleich los. Mama wird schon ungeduldig.

Marina: Ich komme gleich. Ich wasche mir nur eben noch die Haare. Hast du den Festiger irgendwo gesehen? Ich finde ihn nicht. Bring mir doch bitte den Föhn! Ist der etwa schon im Gepäck?

Mann: Hör mal! Hast du das in der Zeitung gelesen? Unglaublich! Ein Mann hat einen Schatz von alten Münzen in seinem Keller gefunden. Jetzt soll er dafür keinen Pfennig Finderlohn bekommen.

Frau: Gib mir mal die Zeitung! Wo steht das? Ach da! Wahrscheinlich haben die Behörden dafür einfach kein Geld. Hättest du die Münzen abgeliefert?

Mann: Natürlich! Was soll ich denn mit den alten Münzen anfangen? Man kann sie nicht einfach verkaufen. Vielleicht hätte ich einige Münzen als Andenken behalten.

Seite 56, Aufgabe 8:

Fuchs: Da kommt der dumme Storch. Den werde ich einmal richtig hereinlegen. Guten Tag, Storch! Kommst du heute zu mir zum Abendessen? Sei aber bitte pünktlich. Sonst wird das Essen kalt.

Storch: Guten Tag, Fuchs! Deine Einladung ist aber nett. Natürlich komme ich. Wann isst du zu Abend? Ist acht Uhr recht? Bis dann!

Fuchs: Ah, da bist du ja. Leg bitte ab! Nimm Platz! Hoffentlich schmeckt dir mein Essen. Greif zu! Es sind die allerfeinsten Zutaten. Warum isst du nicht?

Storch: Das Mus auf diesem flachen Teller ist zu dünn für meinen spitzen Schnabel. Wusstest du das nicht? Habe aber trotzdem Dank für deine Einladung!

Storch: (für sich) Der Fuchs hält mich wahrhaftig für das dümmste Tier unter der Sonne. Warte nur! Dir werde ich es heimzahlen. (Zum Fuchs) Zum Dank lade ich dich morgen zu mir zum Abendessen ein. Kommst du bitte so gegen halb neun?

Fuchs: Selbstverständlich werde ich kommen. Mach dir nicht zu viel Umstände. (Für sich) Ist es die Möglichkeit! Jetzt lädt er mich sogar noch zu sich ein. Dümmer geht es nicht.

Storch: Guten Abend, Fuchs! Mach es dir bequem. Sicherlich wird dir mein leckeres Essen schmecken. Magst du Frösche in Sumpfsoße? Nimm dir noch mehr! Du isst ja gar nichts. Magst du mein Essen nicht?

Fuchs: Dummerweise komme ich mit meiner Zunge nicht in diese hohen Flaschen mit dem engen Hals. Für dich ist das natürlich kein Problem mit deinem spitzen Schnabel. Iss auch noch meine Portion! Lass es dir schmecken! Ich werde dann in meiner Höhle noch eine Kleinigkeit zu mir nehmen. Leb wohl! (Für sich) Nun bin ich der Hereingelegte. Das mir! Der Storch ist wohl doch nicht dümmer als ich.

Seite 57, Aufgaben 1 und 2:

(Prädikat: einfach unterstrichen; Subjekt: doppelt unterstrichen)

a) Der Sommer geht zu Ende, die Tage werden kürzer (,) und der Herbst kommt.
b) An meinem Geburtstag gehen wir entweder zum Kegeln (,) oder wir machen eine Schnitzeljagd.
c) Der Tourist fragt mehrere Passanten nach dem Weg, aber niemand kann ihm Auskunft geben.
d) Wir verbringen unseren Urlaub abwechselnd in den Bergen und an der See, denn meine Mutter schwimmt gerne, mein Vater ist ein begeisterter Bergwanderer (,) und wir Kinder mögen beides gern.
e) Wasser wird in Zukunft immer knapper, deshalb muss man sparsam damit umgehen.
f) Die Anschaffung eines Haustieres muss gut überlegt sein, denn es kostet Zeit und Mühe, dafür macht es den Menschen aber auch viel Freude.
g) Die Kartoffel ist ein wertvolles Nahrungsmittel, denn sie hat nicht nur einen hohen Gehalt an Nährstoffen, sondern sie enthält auch viele Vitamine.
h) Seit den großen Erfolgen der deutschen Sportler beim Tennis träumen noch mehr Jugendliche von einer Sportlerkarriere, aber nur wenige gelangen später einmal an die Spitze.
i) Findest du den Weg allein (,) oder soll ich dich noch ein Stück begleiten?

Seite 57, Aufgabe 3:

a) Hast du den Film schon gesehen (,) oder kommst du mit ins Kino?
b) Es ist heiß, deshalb ist die Eisdiele überfüllt.
c) Roland möchte ins Rockkonzert, aber seine Eltern erlauben es nicht.
d) Weil die Bäckerstraße gesperrt ist, müssen die Autofahrer eine Umleitung fahren.
e) Du musst Kathrin fragen, denn niemand weiß besser darüber Bescheid.

Lösungen

Seite 58, Aufgaben 3 und 4:

(und: kursiv; Prädikat: einfach unterstrichen;
Subjekt: doppelt unterstrichen)

a) In einem fernen Lande wohnte ein König, der hatte elf Söhne *und* eine Tochter, die hieß Elise. Die elf Brüder gingen in die Schule mit Sternen auf der Brust *und* mit Säbeln an der Seite *und* schrieben auf goldenen Tafeln mit diamantenen Griffeln(,) *und* ihre Schwester Elise saß auf einem kleinen Schemel von Spiegelglas *und* las in einem Bilderbuch, das hatte das halbe Königreich gekostet.

b) Es war einmal ein kleiner älterer Herr, der hieß Moritz *und* hatte sehr große Schuhe *und* einen kleinen schwarzen Mantel dazu *und* einen langen schwarzen Regenschirmstock(,) *und* damit ging er oft spazieren.

c) Der arme Johannes war tief betrübt, denn sein Vater war sehr krank *und* konnte nicht genesen. Außer den beiden war niemand in dem kleinen Zimmer, die Lampe auf dem Tische war dem Erlöschen nahe (,) *und* es war spätabends.

d) Draußen vor dem Schlosse war ein großer Garten mit feuerroten *und* blauen Bäumen, die Früchte strahlten wie Gold *und* die Blumen wie brennendes Feuer(,) *und* sie bewegten fortwährend Stängel *und* Blätter.

e) Die Gans vergoss Freudentränen *und* nahm sein Anerbieten an (,) *und* nicht lange danach entkam Jakob glücklich *und* unerkannt mit ihr aus dem Palaste *und* brachte sie in ihre Heimat zu ihrem Vater. Dort entzauberte Wetterbock seine Tochter *und* entließ Jakob mit Geschenken reich beladen(,) *und* nun machte er sich auf den Heimweg in seine Vaterstadt.

f) Däumelinchen segelte an vielen Städten vorbei (,) *und* die kleinen Vögel saßen in den Büschen, sahen sie *und* sangen. Das Blatt schwamm mit ihr immer weiter *und* weiter fort, so reiste Däumelinchen außer Landes. Ein weißer Schmetterling umflatterte sie stets *und* ließ sich zuletzt auf das Blatt nieder, denn Däumelinchen gefiel ihm. Sie nahm ihren Gürtel *und* band das eine Ende um den Schmetterling, das andere Ende des Bandes befestigte sie am Blatte, das glitt nun viel schneller davon *und* sie mit, denn sie stand ja darauf. Da kam ein großer Maikäfer angeflogen, der erblickte sie. Er schlug augenblicklich seine Klauen um ihren schlanken Leib *und* flog mit ihr auf einen Baum. Das grüne Blatt aber schwamm den Fluss hinab *und* der Schmetterling mit, denn er war an das Blatt gebunden *und* konnte nicht loskommen.

Seite 59, Aufgaben 1 und 2:

(Die Verbindungswörter sind hier doppelt unterstrichen statt eingekreist.)

a) Pflanzenwurzeln brauchen lockeren Boden, Luft und genügend Wasser. Eggen, Grubbern und Hacken sind Maßnahmen zur Lockerung des Bodens. Würmer, Insekten, Spinnen, Maulwürfe, Mäuse und andere Bodenbewohner sind aber noch wichtiger für den Boden. Sie lockern ihn, zersetzen Tier- und Pflanzenreste und führen so den Pflanzenwurzeln wichtige Nährstoffe zu.

b) In den ersten vier Schuljahren lernt man Rechnen, Schreiben und Lesen. Nach und nach kommen dann die Fächer Englisch, Geschichte und Physik, außerdem Französisch oder Latein dazu. Erst ab Klasse 9 stehen Chemie, eine dritte Fremdsprache und manchmal auch Informatik auf dem Stundenplan.

c) Oben auf dem Sprungturm blickte der Junge ängstlich über den Rand der Plattform, atmete tief durch, ballte die Fäuste, schloss die Augen, zählte bis drei und sprang in die Tiefe.

d) Bei Meister Hora hingen, lagen und standen überall Uhren. Da gab es winzige Taschenührchen, gewöhnliche Blechwecker, Sanduhren, Spieluhren mit tanzenden Püppchen darauf, Sonnenuhren aus Holz und Uhren aus Stein. Da gab es auch Weltzeituhren in Kugelform und kleine und große Planetarien mit Sonne, Mond und Sternen.

e) Das Pressen von Blättern, Gräsern oder sogar ganzen Blüten ist einfach. Am besten eignen sich dünne, wenig gewölbte Blätter von Anemonen, Mohn, Butterblumen und das Laub von Buchen, Pappeln und Birken. Die zarten Blüten der Buschwindröschen, Veilchen, Butterblumen und vieler anderer Wildpflanzen sehen gepresst sehr hübsch aus.

f) Die Jugendherberge Holzminden eignet sich gleichermaßen gut für Kur- oder Daueraufenthalte, für Einzelgäste und Familien, Schul-, Sport- und Wandergruppen, Erholungsmaßnahmen und für Lehrgänge und Tagungen. Zur Freizeit- und technischen Einrichtung gehören u.a. ein Filmprojektor, Diaprojektor, Plattenspieler, Kassettenrekorder, Fernseher, Leinwand und eine Sammlung von Gesellschaftsspielen. Ein Freigelände bietet Möglichkeiten zum Grillen, Außenspielgeräte, einen Lagerfeuerplatz und Außentischtennisplatten. Weitere Sport- und Freizeitangebote in Holzminden sind ein Hallenbad, Freibad, Surfen, Rudern und Reiten, Tennis, Fußball, Hockey, ein Waldlehrpfad und ein Verkehrsübungsgarten.

Seite 60, Aufgaben 3 und 4:

… Einladungskarten an Nina, Paul und ihre Cousine.
… möchte sie Mord im Dunkeln, Flaschendrehen und Verstecken spielen. … für das Abendessen, den Film oder die Disco. … kauft sie Chips, Schokoküsse und Salzstangen zum Essen ein. … stellt sie Cola, Fanta und Apfelsaft bereit.
… in die sie einen Bleistift, drei Sticker und Bonbons packt.
… auch schon Mutter, Vater und ihr kleiner Bruder, … sieht sie das Kuscheltier, Briefpapier und Reitstiefel, …

Seite 60, Aufgaben 5 und 6:

Die Bulldogge ist kompakt, kräftig und massig, sehr muskulös und hat einen außerordentlich breiten Kopf. Die Ohren sind klein, dünn und rosenförmig, die Nase ist zurückgesetzt, der mächtige Unterkiefer vorgeschoben. Das dichte, kurzhaarige und feine Fell kann weiß, gestromt, rot oder gelblich, einfarbig oder scheckig sein. Sie ist wirklich nicht schön, aber auf Schönheit kam es auch nicht an, denn die Bulldogge war früher ein Kampfhund. Sie wurde auf Bullen gehetzt und verbiss sich in deren Kehle und bot so den Zuschauern ein Schauspiel, das man damals so unterhaltsam fand wie heute Boxen, Fußball oder Eishockey. 1838 verbot man in England das grausame Bullenhetzen(,) und nun wurde aus dem Kämpfer <u>ein treuer Begleiter, ein liebevoller Hausgenosse und Beschützer</u> seiner Familie. Die Bulldogge ist <u>gutmütig, geduldig und sehr lieb</u> gegenüber Kindern, kann aber im Notfall auch sehr böse werden. Dann verbeißt sie sich in den Angreifer und lässt lange nicht mehr los.

Seite 61, Aufgaben 1 und 3:

…

<u>Der sprach zu ihm:</u> „Armer Mann, du dauerst mich. Ich will dein Kind aus der Taufe heben und es glücklich machen auf Erden."
<u>Der Mann fragte:</u> „Wer bist du?"
<u>Gott antwortete:</u> „Ich bin der liebe Gott."
<u>Da sprach der Mann:</u> „So begehre ich dich nicht zum Gevatter. Du gibst den Reichen und lässt die Armen hungern."
Damit ließ er ihn stehen und ging weiter.

Seite 61, Aufgabe 2:

Wenn der *Begleitsatz* zur wörtlichen Rede hinführt, steht am Ende des *Begleitsatzes* ein *Doppelpunkt*. Nach dem Doppelpunkt muss man die *Großschreibung* beachten. Die wörtliche Rede wird mit allen Satzzeichen in *Anführungszeichen* eingeschlossen.

Seite 61, Aufgaben 4 und 5:

Ein Alter und ein Junger hatten den gleichen Weg. Da sahen beide auf der Straße einen Sack Geld liegen. Der Junge hob ihn auf <u>und sagte:</u> „Da sieh an, was Gott mir auf den Weg gelegt hat." <u>Doch der Alte sagte:</u> „Halt Freund – uns beiden!" <u>Der Junge sagte:</u> „Nein, nein! Nicht wir zwei haben das gefunden – ich habe es aufgehoben." Da sagte der Alte kein Wort mehr. Sie gingen ein wenig weiter. Auf einmal hörten sie, wie hinter ihnen die wilde Jagd losging und <u>wie man rief:</u> „Wer hat den Sack voll Geld weggeholt?" Der Junge bekam es jetzt mit dem Fürchten zu tun <u>und sagte:</u> „Es sieht aus, als könnte uns von unserem Fund noch was Schlimmes kommen." <u>Der Alte sagte:</u> „Von deinem Fund, meinst du wohl; und Schlimmes für dich, nicht für uns."
Und der Junge wurde gefasst und mitgenommen und kam vor den Richter. Der Alte dagegen durfte heimgehen.

Seite 62, Aufgaben 6 und 8:

Bald darauf begegnete ihm der Teufel.
„Was suchst du?", <u>fragte er</u> ihn.
„Ich suche einen Paten für mein Kind", <u>antwortete der Mann.</u>
„Willst Du mich zum Paten deines Kindes nehmen, so will ich ihm Gold in Hülle und Fülle geben", <u>sprach der Teufel.</u>
„Wer bist du?", <u>fragte der Mann.</u>
„Ich bin der Teufel", <u>antwortete der Teufel.</u>
„So begehr ich dich nicht zum Gevatter, denn du betrügst und verführst die Menschen", <u>sprach der Mann</u> und ging weiter.

Seite 62, Aufgabe 7:

Wenn der *Begleitsatz* hinter der wörtlichen Rede steht, beginnt er immer mit einem *kleinen Buchstaben*. Die wörtliche Rede wird mit allen Satzzeichen in *Anführungszeichen* eingeschlossen. Nur das *Komma* steht außerhalb der wörtlichen Rede und der Anführungszeichen. Dieses Komma steht auch dann, wenn die Redewiedergabe vor den Anführungsstrichen mit einem Fragezeichen oder Ausrufezeichen endet.

Seite 62, Aufgaben 9 und 10:

„Ich kann einen Regenwurm essen", <u>rief Albin.</u> Wupps! hatte er den Regenwurm verschluckt. „Bravo, Albin!", <u>riefen die Albinisten.</u> „Stig kann auch einen Regenwurm essen", <u>schrien die Stiglinge</u> und begannen sofort nach einem Regenwurm für Stig zu suchen. Stig wurde etwas blass um die Nase. Es schien, als sei Regenwurm nicht gerade sein Lieblingsgericht. Aber seine Anhänger hatten einen unter einem Stein gefunden. „Du wagst es nicht, du Feigling", <u>sagte Albin.</u> Da schluckte Stig den <u>Regenwurm.</u> „Regenwurm essen kann jeder Rotzjunge. Aber ich bin vom Holzbudendach gesprungen. Den Rekord brichst du nicht", <u>sagte Stig.</u> „Mach ich nicht?", <u>fragte Albin.</u> „Das macht er!", <u>schrien die Albinisten.</u> „Das macht er nicht!", <u>schrien die Stiglinge.</u> „Ich springe sogar vom Kuhstalldach", <u>sagte Albin.</u> Aber ihn fröstelte, als er das sagte. „Bravo Albin!", <u>schrien die Albinisten.</u> „Das wagt er nie", <u>sagten die Stiglinge.</u>

Seite 63, Aufgaben 11 und 13:

Da kam der dürrbeinige Tod auf ihn zugeschritten.
„Wenn du einen Paten für dein Kind suchst", <u>sprach er,</u> „so nimm mich!"
„Wer bist du?", <u>fragte der Mann.</u>
„Ich bin der Tod", <u>antwortete der andere,</u> „der alle gleich macht."
„Du bist der Rechte!", <u>sprach der Mann.</u> „Du holst den Reichen wie den Armen ohne Unterschied. Du sollst mein Gevattersmann sein."
„Ich will dein Kind reich und berühmt machen", <u>sprach der Tod,</u> „denn wer mich zum Freunde hat, dem kann's nicht fehlen."
„Nächsten Sonntag ist Taufe", <u>sagte der Mann,</u> „da sei zur Stelle!"

Seite 63, Aufgabe 12:

Wenn der *Begleitsatz* in die wörtliche Rede eingeschoben ist, beginnt er immer mit einem *kleinen Buchstaben*. Die wörtliche Rede wird mit allen *Satzzeichen* in *Anführungszeichen* eingeschlossen. Nur die beiden *Kommas* vor und hinter dem *Begleitsatz* stehen außerhalb der Anführungszeichen.

Seite 63, Aufgaben 14 und 15:

Herr Veneranda ging in eine Drogerie. „Verzeihung", <u>fragte er</u> den Drogisten, „haben Sie etwas um Wolle vor Motten zu schützen?" „Gewiss", <u>sagte der Drogist,</u> „wir haben Mottenpulver. Ich kann es sehr empfehlen." „Ausgezeichnet!", <u>sagte Herr Veneranda,</u> „dann geben Sie mir bitte zwei Strang Wolle." „Wie bitte?", <u>fragte der Drogist.</u>

Lösungen

„Geben Sie mir", wiederholte Herr Veneranda, „zwei Strang Wolle." „Aber", fragte der Drogist verwundert, „wollten Sie denn nicht Mottenpulver?" „Ich möchte vor allen Dingen Wolle", sagte Herr Veneranda, „ich kann doch nicht mit Mottenpulver stricken. Stricken Sie mit Mottenpulver?" „Aber", stotterte der Drogist, „Sie haben mich um etwas gebeten, das Wolle vor Motten schützt." „Welche Wolle?", fragte Herr Veneranda. „Wenn ich Wolle vor Motten schützen soll, so geben Sie mir doch Wolle!" „Ich verkaufe keine Wolle", sagte der Drogist, „ich verkaufe Mottenpulver." „Sie verkaufen Sachen, die zu nichts nütze sind", sagte Herr Veneranda, „wahrscheinlich haben Sie nicht einmal Motten." Und Herr Veneranda verließ das Geschäft und warf schimpfend die Tür zu.

Seite 64, Aufgaben 16 und 17:

Ein Schotte traf auf dem Weg zum Friseur einen kleinen Jungen.
„He!", rief der Schotte.
„Was ist?", fragte der Junge.
„Wie heißt du?", fragte der Schotte.
„Ich heiße Bill", antwortete der Junge.
„Gut, Bill", sagte der Schotte, „du könntest mir einen Gefallen tun."
Der Junge sah den Mann fragend an. „Was soll ich denn tun?"
„Geh mit mir zum Friseur. Du kannst dir dann auch gleich die Haare schneiden lassen. Machst du mit?"
„Na klar", sagte der Junge, „aber ich habe kein Geld."
„Das ist auch nicht nötig", antwortete der Schotte.
„Guten Tag", sagte der Friseur, „womit kann ich dienen?"
Der Schotte antwortete: „Ich möchte rasiert werden."
„Hat der Junge auch einen Wunsch?", erkundigte sich der Friseur.
„Schneiden Sie Bill die Haare", sagte der Schotte, „er hat's nötig!"
Der Schotte kam als Erster dran. Er wurde rasiert, und als das geschehen war, ließ er Bill auf dem Frisierstuhl Platz nehmen.
Dann sagte er zum Friseur: „Kann ich bei Ihnen Zigaretten kaufen?"
„Tut mir Leid", erwiderte der Friseur, „Zigaretten gibt´s bei mir nicht. Aber nebenan ist ein Tabakladen."
„Gut", rief der Schotte, „ich bin gleich wieder da."
Nun wurden Bill die Haare geschnitten, bis er wieder ganz manierlich aussah. Vom Schotten war nichts zu sehen.
„Hör mal", sagte der Friseur nach einiger Zeit, „dein Vater braucht aber ziemlich lange um eine Schachtel Zigaretten zu kaufen."
„Was heißt hier Vater?", antwortete Bill. „Das war doch bloß ein fremder Mann, der mich gefragt hat, ob ich mit ihm zum Friseur gehen wolle."
„So ein Gauner", schrie der Friseur, „er hat mich hereingelegt!"
Da wusste Bill, dass es besser für ihn wäre, sich aus dem Staub zu machen. Er griff sich seine Mütze, flitzte aus der Tür und weg war er.

Notizen

Notizen

3. Verb: Konjugation

3.6 Der neue Computer

(13)

Endlich ist er da, der neue Computer! Vorsichtig tragen Maike und Jens die beiden großen Pakete ins Haus. „Wenn ihr noch etwas wartet, helfe ich euch!", ruft Herr Kirchner. „Ach, Papa, davon verstehst du nichts, wir machen das allein." Jetzt kommt die Verdrahtung. „Wo hast du die Betriebsanleitung? Also: Dieser Stecker kommt in die Buchse." „Welche meinst du? Hier sind mehrere." „Ich mache das schon! Damit verbinden wir den Computer mit dem Monitor. Und nun kommen beide Stecker in die Steckdose. So, das haben wir!" „Seid ihr schon fertig?" Herr Kirchner betrachtet das Wunderwerk. Maike schiebt die Systemdiskette in das Laufwerk, Jens drückt den Knopf. Nichts geschieht! „Seht ihr!", sagt Herr Kirchner. Er verdrahtet alles noch einmal. Aber erst nach einem weiteren Versuch merken sie, dass der Monitor nicht in Ordnung ist. So ein Pech!

8 Unterstreiche alle Verben und umkreise das dazugehörige Substantiv (Nomen) oder Personalpronomen.

9 Bestimme danach bei allen Verben Person und Numerus.

3.7 Heute und gestern (Präsens und Präteritum)

(17)

10 Jedes Verb kann verschiedene Zeiten ausdrücken. Probiere es selbst, indem du jeden Satz entweder ins Präteritum („Vergangenheit") oder ins Präsens („Gegenwart") setzt.

PRÄSENS („Gegenwart")	PRÄTERITUM („Vergangenheit")
Heute läuft er viel besser.	Gestern
Heute	Gestern schien die Sonne.
Heute ist schönes Wetter.	Gestern
Heute	Gestern lagen wir im Garten.
Heute habt ihr schlechte Laune.	Gestern
Heute	Gestern wurde sie 11 Jahre alt.
Heute singen die Kinder im Chor.	Gestern
Heute	Gestern gab es Fischstäbchen.
Heute bleiben wir zu Hause.	Gestern

Formenlehre

3. Verb: Konjugation

11 Bestimme Tempus, Person und Numerus. Benutze dazu die Abkürzungen Präs. (= Präsens) und Prt. (= Präteritum). Schreibe daneben das Verb im Infinitiv.

	TEMPUS	PERSON/NUMERUS	INFINITIV
a) Er liest gerne Detektivromane.			
b) Wir liefen um die Wette.			
c) Du bist mein bester Freund.			
d) Sie schufteten im Garten.			
e) Das Wetter wurde besser.			
f) Ich warte schon lange auf dich.			
g) Mein Opa war früher Soldat.			
h) Ihr wandert durch die Felder.			
i) Ich hatte nicht genug Geld.			

(17)
3.8 Deutsch ist nicht immer einfach!

12 Setze die Verbformen ins Präteritum.

er siegt	ich leide
er biegt	ich vermeide
er liegt	ich unterscheide
er wiegt (2)	ich bekleide
wir graben	sie bringen
wir schaben	sie singen
wir haben	sie klingen
es sinkt	sie raufen
es blinkt	sie ersaufen
es stinkt	sie laufen
ihr denkt	wir sehen
ihr schenkt	wir stehen
ihr versenkt	wir gehen
du erschreckst (2)	sie fliehen
du bedeckst	sie ziehen

34 Formenlehre

3. Verb: Konjugation

13 Bilde die Verbformen.

a) Prt.3.Sg.Fem. von liegen _____

b) Präs.1.Pl. von schreiben _____

c) Präs.2.Sg. von lachen _____

d) Prt.3.Pl. von sitzen _____

e) Prt.3.Sg.Mask. von verschwenden _____

f) Prt.3.Sg.Neutr. von verschwinden _____

g) Präs.1.Sg. von sein _____

h) Prt.2.Pl. von haben _____

3.9 Der Spaß

14 Bestimme Tempus, Person und Numerus der Verbformen wie im Beispiel.

Der Zug [wartete Prt. 3.Sg.] am Bahnhof und ein Mann auf dem Bahnsteig schrie laut: „Lehmann, Lehmann!" Da streckte einer seinen Kopf aus dem Abteil. Das sah der auf dem Bahnsteig, gab ihm eine kräftige Ohrfeige und verschwand. Alle lachten, auch der Gehauene. „Das verstehe ich nicht", sagte sein Gegenüber verwundert, „wir alle lachen über dich, aber worüber lachst denn du?" Da antwortet der Gehauene: „Habt ihr eine Ahnung! Ich bin doch gar nicht Lehmann!"

3.10 Die Elster und ihre Kinder

15 Bestimme auch hier Tempus, Person und Numerus aller Verbformen.

Eine Elster führte ihre Jungen aufs Feld. „Meine Kinder", sprach sie, „ihr seid jetzt erwachsen. Ich ernähre euch nicht mehr." Die Jungen schlugen ängstlich mit den Flügeln: „Wir sind noch zu klein, wir kennen die List der Menschen noch nicht. Sicherlich töten die Bogenschützen uns." „Nein", entgegnete die Alte, „ihr fliegt schneller als der Pfeil. Es geschieht euch sicher nichts." „Ja aber ...", klagten die Jungen. Und dann stellten sie noch viele Fragen, bis ihnen die Elster endlich ins Wort fiel: „Ich sehe, ihr kennt bereits alle Gefahren", lachte sie und schwang sich in die Lüfte.

3. Verb: Konjugation

(2, 29a)

3.11 Merkwürdige Verben

16 Bilde die folgenden Verbformen. Was fällt dir auf?

a) Präs.3.Sg.Mask. von ansehen _____

b) Präs.3.Sg.Mask. von übersehen _____

c) Präs.3.Sg.Mask. von einsehen _____

d) Prt.3.Sg.Mask. von aufsuchen _____

e) Prt.3.Sg.Mask. von untersuchen _____

f) Prt.3.Sg.Mask. von besuchen _____

(2, 29a)

3.12 Verb und Verbzusatz

17 Unterstreiche in jedem Satz die Personalform des Verbs und den Verbzusatz und nenne den Infinitiv.

a) Ines trocknet nur sehr ungern das Geschirr ab. _____

b) Die Passanten gehen gleichgültig an dem weinenden Kind vorüber. _____

c) Wir gehen heute Abend mit unseren Eltern aus. _____

d) Ich nehme an, dass der Regen bald aufhört. _____

e) Warum läufst du vor dem Hund weg, er bellt dich doch nur an? _____

(2, 29a)

3.13 Verbzusatz, Vorsilbe oder keines von beidem?

18 Unterstreiche die Verben, schreibe die Infinitive heraus und kreuze die Verben an, die einen Verbzusatz haben.

a) Herr Schussel sucht seinen Schlüssel. _____

Erst untersucht er seine Jackentaschen. _____

Dann sucht er unter der Fußmatte. _____

Danach sucht er den ganzen Boden ab. _____

Schließlich versucht er es mit einem Dietrich. _____

b) Als er an den Fahrkartenschalter kommt, kommt gerade der Zug an. _____

Er muss aber so lange warten, dass er den Zug nicht mehr bekommt. _____

So etwas kommt eben vor! _____

Formenlehre

3. Verb: Konjugation

3.14 Hans im Pech (13, 17)

1) Hans Bergmann, ein Mann in mittleren Jahren, schlendert die Straße entlang. [3. Sg. Präs. VZ]

2) Er wartet auf Sylvia Gehrke, die er heute zum ersten Mal trifft.

3) An einer Plakatwand hält er an und schaut sich die Plakate an.

4) Doch plötzlich fällt ihm vor Schreck die Pfeife aus dem Mund.

5) Ein Auto fährt nämlich durch eine Pfütze und spritzt seine Hose nass.

6) Das Auto fährt einfach weiter, aber Hans Bergmann steht ganz ratlos da und schaut an seiner nassen Hose herunter.

7) In diesem Augenblick sieht er nicht sehr intelligent aus!

8) Da fällt ihm aber glücklicherweise etwas ein.

9) Er hat noch etwas Zeit und kehrt deshalb um und geht nach Hause.

10) Dort wechselt er die Hose.

11) Er rollt die nasse Hose zusammen und bringt sie in die Reinigung.

12) Im Laden der chemischen Reinigung wundert sich die Verkäuferin, als sie die nasse Hose sieht, und sie denkt:

13) „Und so etwas passiert einem Mann in seinem Alter!"

14) Aber sie sagt nichts und lächelt nur.

15) Vor dem Laden zündet sich Hans Bergmann seine Pfeife an.

16) Er führt das Streichholz zum Mund und merkt plötzlich, dass nicht die Pfeife, sondern sein Schnurrbart brennt.

17) Ihm fällt ein, dass ihm die Pfeife vorhin aus dem Mund fiel.

18) Schnell geht er zur Plakatwand zurück.

19) Dort sieht er gerade noch, wie ein Hund mit der Pfeife im Maul davonläuft.

20) Wütend stampft Hans mit dem Fuß auf; dabei knickt der Fuß schmerzhaft um.

21) „Heute habe ich wirklich ein Mordspech", ärgert sich Hans und sieht gerade noch, wie Sylvia Gehrke in den Bus steigt und davonfährt . . .

19 Unterstreiche alle Verben und Verbzusätze und bestimme Tempus, Person, Numerus und Verbzusatz, wie du es am Beispiel siehst.

Formenlehre

1. Aussagesatz (Stellungsplan)

(28)
1.1 Die Verschiebeprobe (Umstellprobe)

Robinson Crusoe lebte viele Jahre auf einer einsamen Insel.

1) _____

2) _____

3) _____

4) _____

1 Bilde aus dem Satz durch Umstellen der Wörter möglichst viele neue Sätze. Weder die einzelnen Wörter noch der Sinn des Satzes sollen dabei verändert werden.

2 Umrahme im vorgegebenen Satz die Wortgruppen, die beim Umstellen der Wörter zusammengeblieben sind.

3 Verfahre mit dem folgenden Satz wie bei der vorigen Aufgabe! Du solltest mindestens acht Umformungen schaffen.

Einmal bestellte Eulenspiegel ohne einen Pfennig Geld in einem Wirtshaus ein Mittagessen.

1) _____
_____

2) _____
_____

3) _____
_____

4) _____
_____

5) _____
_____

6) _____
_____

7) _____
_____

8) _____
_____

1. Aussagesatz (Stellungsplan)

> Wortgruppen und auch einzelne Wörter,
> die sich innerhalb eines Satzes umstellen lassen,
> sind S a t z g l i e d e r.

1.2 Abenteuerspielplatz (28)

a) Jeden Tag | gehen | die Kinder | zum Abenteuerspielplatz. (4)
               V

b) Dort bauen sie aus alten Brettern eine kleine Hütte. (   )

c) Ein Sozialarbeiter hilft ihnen dabei. (   )

d) Heute nieselt es schon den ganzen Tag. (   )

e) Trotz des schlechten Wetters arbeiten die meisten Kinder fröhlich am Bau. (   )

f) Sie decken an diesem Tag das Dach mit Schindeln. (   )

g) Das fällt den Kindern ziemlich schwer. (   )

h) Immer wieder rutscht Hartmut die Schindel vom Dach. (   )

i) Außerdem tropft ihm der Regen schon in den Kragen. (   )

j) Wütend stampft er schließlich mit dem Fuß auf den Boden. (   )

k) Geduldig zeigt der Sozialarbeiter es ihm noch einmal. (   )

l) Aber Hartmut hat jetzt keine Lust. (   )

m) Er sitzt schmollend in der Hütte auf dem harten Boden. (   )

n) Da kommt ihm auf einmal eine glänzende Idee. (   )

o) Ohne ein Wort holt er von zu Hause aus dem Keller seiner Eltern einen alten Teppich. (   )

p) Zum Schluss sitzen alle stolz auf ihr Werk bei heißem Tee in der Hütte auf Hartmuts Teppich. (   )

4 Trenne das Verb und die anderen Satzglieder voneinander ab und schreibe hinter jeden Satz, aus wie vielen Satzgliedern er besteht.

Satzlehre 39

1. Aussagesatz (Stellungsplan)

(37)
1.3 Die Stellung der Satzglieder im Aussagesatz

Wir überprüfen, ob es bestimmte Vorschriften für die Stellung der Satzglieder und die Personalform des Verbs im Aussagesatz gibt:

	Platz 1	Platz 2	Platz 3	Platz 4	Platz 5
a) 3 Satzglieder:	Ich	ans Meer	fahre.	–	–
	Ans Meer	fahre	ich.	–	–
	Fahre	ans Meer	ich.	–	–
	Ich	fahre	ans Meer	–	–
b) 4 Satzglieder:	Ich	fahre	heute	ans Meer.	–
	Ans Meer	heute	ich	fahre.	–
	Ich	heute	fahre	ans Meer	–
	Heute	fahre	ich	ans Meer	–
	Ich	fahre	ans Meer	heute	–
c) 5 Satzglieder:	Ich	fahre	heute	mit dir	ans Meer.
	Mit dir	fahre	ich	ans Meer	heute.
	Mit dir	ich	ans Meer	heute	fahre.
	Heute	fahre	ich	mit dir	ans Meer.
	Heute	ans Meer	ich	fahre	mit dir.

5 Streiche alle Sätze durch, die falsch klingen oder eine andere als die ursprüngliche Bedeutung haben.

6 Schreibe auf, was du entdeckt hast:

Ein Aussagesatz klingt nur richtig, wenn

das Verb

(38)
1.4 Verbzusatz

7 Überprüfe, an welchem Platz der Verbzusatz steht, indem du den Satz schrittweise durch mehrere Satzglieder erweiterst.

Papa schläft ein. (nach der Arbeit, müde, abends, vor dem Fernseher usw.)

_____

_____

8 Schreibe die folgenden Wortgruppen in der richtigen Reihenfolge in die Kästchen:

andere Satzglieder – Verbzusatz – 1. Satzglied – Personalform des Verbs

Stellungsplan des Aussagesatzes:

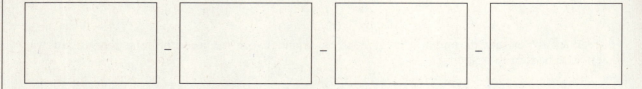

2. Fragesatz (Stellungsplan)

2.1 Die Entscheidungsfrage

(36)

1 Wandle die **Aussagen** in **Entscheidungsfragen** um. Unterstreiche das Verb und – falls vorhanden – den Verbzusatz und schreibe den Stellungsplan darunter.

Frau Willner fährt für einige Wochen zur Kur. Vor Beginn der Reise verteilt die Familie gemeinsam die Arbeiten im Haushalt.

Es wird Folgendes festgelegt:

Bei ihren Anrufen erkundigt sich Frau Willner besorgt:

Papa bereitet das Frühstück vor.

<u>Bereitet</u> / Papa / das Frühstück / <u>vor</u>?
 V   +   2 Satzglieder   + VZ

Die Kinder räumen nach jeder Mahlzeit den Tisch ab.

_____

Alle kochen abwechselnd ihr Lieblingsgericht.

_____

Das Bad putzt Xaver jeden dritten Tag gründlich.

_____

Sonja geht regelmäßig dreimal täglich mit dem Hund spazieren.

_____

Anna macht alle Einkäufe.

_____

Papa bedient die Waschmaschine.

_____

Jeder räumt außer seinem eigenen Zimmer einen weiteren Raum auf.

_____

Das Säubern der Räume übernimmt die Familie einmal wöchentlich gemeinsam.

_____

Satzlehre

2. Fragesatz (Stellungsplan)

2.2 Die Auskunftsfrage

(36)

2 Schreibe neben die **Aussagen** entsprechende **Auskunftsfragen** und schreibe unter die Auskunftsfragesätze den Stellungsplan.

Seit Jorgos die neue Zahnspange hat, kann man ihn nur noch schwer verstehen. Dabei erzählt er so gerne, und zwar immer die tollsten Geschichten. Wenn seine Freunde alles verstehen wollen, müssen sie genau nachfragen.

Jorgos erzählt: Seine Freunde fragen nach:

... war ich auf dem Lessingplatz.   *Wann / warst / du / dort?*
  Fragewort + V + 2 Satzglieder

Da drehte das Fernsehen gerade ... für eine Familienserie.   _____

In dieser Folge sitzen die Eltern mit ihrem Sohn ...   _____

Sie ...   _____

... stopft inzwischen Unmengen von Kuchen in sich hinein.   _____

Diese Szene wiederholten sie ...   _____

Beim sechsten Mal wurde ... schlecht.   _____

... war unmöglich.   _____

Da fiel der Blick ... auf mich.   _____

Er holte ... aus der Menge der Zuschauer.   _____

Jetzt spielte doch tatsächlich ... die Rolle des Jungen.   _____

Der Regisseur fand mich ...   _____

Er bot ... gleich einen Vertrag an.   _____

42 Satzlehre

3. Aufforderungssatz (Stellungsplan)

Stellungsplan des Fragesatzes:

      Entscheidungsfrage   Auskunftsfrage

3.1 Der Stellungsplan des Aufforderungssatzes

(36)

Den Stellungsplan des **Aufforderungssatzes** findest du leicht selbst heraus. Schreibe ihn unter die Sätze!

a) Schreibt!   b) Schreibt ab!

c) Schreibt den Text ab!   d) Schreibt bitte den Text von der Tafel ab!

                 Stellungsplan des **Aufforderungssatzes**:

1   Teile die einzelnen Satzglieder durch Striche ab. Schreibe den Stellungsplan unter die Sätze. Verwende die Ausdrücke, die du auf S. 40 gelernt hast.

a) Räumt vor dem Abendessen alle Spielsachen in die Regale ein!

b) Nach der Befragung des Angeklagten ruft der Gerichtsdiener den ersten Zeugen herein.

c) Hört ihr mir zu?

d) Ich vermisse meinen Führerschein seit einigen Tagen.

e) Wann genau kommt der Zug mit Oma morgen am Hauptbahnhof an?

f) Hilf deinem Mitschüler bei den Aufgaben!

g) Siehst du dir den neuen Film im Kino-Center an?

2   Wandle die Aussagesätze in Frage- und Aufforderungssätze um.

AUSSAGESATZ	FRAGESATZ	AUFFORDERUNGSSATZ
Ihr steht auf.		
Du bist mutig.		
Ihr gebt etwas ab.		
Du nimmst etwas.		
Ihr passt gut auf.		

Satzlehre

1. Subjekt und Prädikat

1.1 Die wer-Frage

1 Ermittle das Subjekt der Sätze durch die wer-Frage.

Ina besucht gern ihren Opa, denn niemand nimmt sich so viel Zeit zum Zuhören wie er. Allerdings ist er etwas schwerhörig und muss häufiger nachfragen. Heute hat Ina wieder Neuigkeiten zu berichten.

Ina: Du, Opa, <u>Sascha</u> hat ein neues Computerspiel bekommen.

Opa: *Wer hat ein neues Computerspiel bekommen?*

Ina: *Sascha*. Vier Abenteurer müssen sich durch ein Höhlensystem kämpfen.

Opa: *Wer...*

Ina: _____. Die Eigenschaften der Abenteurer bestimmt der Spieler.

Opa: _____

Ina: _____. Zum Beispiel muss unbedingt ein Magier dabei sein.

Opa: _____

Ina: _____. In dem Labyrinth lauern nämlich überall gefährliche Monster.

Opa: _____

Ina: _____. Die Riesenspinne kann nur mit einem Zauberspruch erledigt werden.

Opa: _____

Ina: _____. Auch die lila Würmer sind schwer zu besiegen.

Opa: _____

Ina: _____. Irgendwo im Labyrinth ist der Firestaff verborgen.

Opa: _____

Ina: _____. Und ganz am Schluss wird Lord Chaos besiegt.

Opa: _____

Ina: _____. Ach, Opa, du verstehst das natürlich alles nicht!

Opa: Schon möglich, mein Kind. Aber eines ist mir klar geworden: Dein Verstand ist vermutlich in dem Labyrinth verloren gegangen...

Ina: Wer _____

Opa: _____ !

1. Subjekt und Prädikat

1.2 Subjekt und Prädikat

2 Unterstreiche in jedem Satz das Prädikat einfach und das Subjekt doppelt.

a) Das Schaf blökt.

b) Der kleine Junge weint.

c) Wir warten.

d) Der Gefangene flüchtet.

e) Es schneite heftig.

f) Die Vögel fliegen fort.

g) Ich rufe an.

h) Die Milch kocht über.

i) Da ist der Zug aus Dresden.

j) Dein Vater wird staunen.

k) Wo ist das Kino?

l) Wir werden sehen.

m) Ihr schaut aufmerksam zu.

n) Wann kommen deine Gäste?

o) Kommt ihr mit?

p) Hier bin ich.

1.3 Etwas vom Anstand

3 Teile die Satzglieder durch Schrägstriche ab. Wenn du dabei Zweifel hast, mache die Verschiebeprobe mündlich. Unterstreiche das Prädikat einfach und frage nach dem Subjekt. Unterstreiche erst dann das Subjekt doppelt.

Zwei Reisende / kehrten / einst / hungrig / in ein Gasthaus / ein.   *Wer kehrte ... ein?*

Beim Wirt bestellten sie Forellen.

Nach kurzer Zeit brachte ihnen der Wirt auf einer Platte eine große und eine kleine Forelle.

Sofort griff der eine der Reisenden nach der größeren Forelle.

Bei so viel Rücksichtslosigkeit verging dem anderen der Appetit.

Mit scharfen Worten sagte er seinem Kameraden die Meinung.

Der schluckte erst genüsslich den letzten Bissen herunter.

„Welche Forelle nimmt man denn deiner Meinung nach?"

„Ich nehme aus Höflichkeit natürlich immer die kleinere Forelle!"

„Worüber regst du dich auf? Genau die liegt doch auf deinem Teller."

1. Subjekt und Prädikat

(29)

1.4 Das hässliche Entlein (Subjekte und Prädikate)

4 Die folgenden Sätze enthalten mehrere Subjekte und Prädikate. Unterstreiche und kennzeichne sie, wie du es am Beispiel siehst.

a) In seinem Märchen „Das hässliche junge Entlein" erzählt(P) Hans Chr. Andersen(S) von einem Schwanenküken, das(S) unter Enten aufwächst(P).

b) Alle verachten es, weil es anders aussieht.

c) Seine Geschwister beißen es, die Hühner schlagen es und schließlich flieht das hässliche Entlein vom Bauernhof.

d) Erst nehmen wilde Enten es zu sich, aber Jäger schießen sie tot.

e) Dann behalten Menschen das Küken bei sich, aber auch da erlebt es nur Enttäuschungen.

f) Als der Winter kommt, ist es ganz allein im Moor.

1.5 Das hässliche Entlein (Subjekte und Prädikate)
(Fortsetzung)

5 Verfahre bei der Fortsetzung des Textes genauso.

Viel Not musste das Entlein in dem harten Winter erdulden. Aber endlich begann die Sonne wieder warm zu scheinen und die Lerchen sangen und es war herrlicher Frühling. Da konnte das Entlein auf einmal seine Flügel schwingen, sie trugen es kräftig davon. Ehe es selbst recht wusste, befand es sich in einem großen Garten, wo der Flieder duftete. Gerade kamen aus dem Dickicht drei prächtige weiße Schwäne. Sie winkten mit den Flügeln und das Entlein folgte ihnen hinaus auf das Wasser.

„Sie werden mich totschlagen, weil ich ihnen zu nahe komme", dachte das Entlein und es blickte traurig ins Wasser. Da sah ihm sein eigenes Spiegelbild entgegen – ein schöner weißer Schwan. Die großen Schwäne umschwammen den Neuen und alle streichelten ihn mit den Schnäbeln. Kinder kamen, die Brot ins Wasser warfen, und alle sagten: „Der Neue ist so jung und prächtig!" Und die alten Schwäne neigten sich vor ihm. Da brausten seine Federn, der schlanke Hals hob sich und aus vollem Herzen jubelte er: „So viel Glück habe ich mir nicht träumen lassen, als man mich noch das hässliche Entlein nannte!"

2. Akkusativobjekt

2.1 Die wen-Frage

a) Die Klasse 5a besucht mit ihrer Lehrerin den Tierpark.

b) Jedes Kind soll ein Tier seiner Wahl beobachten und beschreiben.

c) Vor dem Eingang zählt die Lehrerin noch einmal die Kinder.

d) Dann sucht jeder sein Tier.

e) Hanno hat sich den Elefanten vorgenommen.

f) Einige Kinder beobachten das Verhalten der Schimpansen.

g) Schließlich sammelt die Lehrerin alle Kinder auf dem Spielplatz.

h) Aber sie vermisst Hanno.

i) Sie suchen den Jungen überall.

j) Schließlich entdecken sie ihn bei den Robben.

k) Er darf dem Wärter bei der Fütterung den Eimer tragen.

l) Darüber hat er ganz die Zeit vergessen.

1 Unterstreiche und kennzeichne in jedem Satz das Subjekt und das Prädikat.

2 Suche jetzt in jedem Satz das Akkusativobjekt mithilfe der wen-Frage. Manchmal muss man sich anstelle von „Wen?" ein „Was?" denken.
Frage immer mit dem ganzen übrigen Satz.

a) *Wen (was) besucht ...*

b) _____

c) _____

d) _____

e) _____

f) _____

g) _____

h) _____

i) _____

j) _____

k) _____

l) _____

2. Akkusativobjekt

(29) **2.2 Das preiswerte Mittagessen**

                    P   S   AO

a) Eines Tages / <u>betrat</u> / <u>ein fremder Gast</u> / <u>das Gasthaus „Zum Ochsen"</u>.

b) Für sein Geld verlangte er knapp und forsch ein Stück Braten mit frischem Gemüse.

c) Dazu bestellte er noch eine kräftige Fleischsuppe.

d) Die Kellnerin fragte ihn, ob er nicht auch ein Glas Wein trinken möchte.

e) Wenn er das auch noch für sein Geld bekomme, nehme er es gerne, antwortete der Gast.

f) Nun brachte man ihm die Speisen und den Wein.

g) Der Gast aß und trank alles mit großem Genuss.

h) Nach Beendigung der Mahlzeit brachte ihm der Wirt die Rechnung.

i) Der Mann langte in die Tasche und legte einen Sechser auf den Tisch.

j) Erstaunt verlangte der Wirt mehr Geld.

k) Aber der Gast zeigte ihm nur seine leeren Taschen.

l) Daraufhin wollte der Wirt den Gast vor den Richter bringen.

m) Doch der Mann erinnerte ihn an seine Worte

n) und verließ freundlich grüßend das Gasthaus.

3 Teile die einzelnen Satzglieder durch Striche ab und kennzeichne Subjekt (S), Prädikat (P) und Akkusativobjekt (AO).

4 Ergänze ein inhaltlich passendes Akkusativobjekt.

a) Der Richter befragt _____

b) _____ haben alle meine Freunde schon gesehen.

c) Hast du auch _____ eingeladen?

d) _____ wünsche ich mir am meisten.

e) Bisher hat niemand _____ bemerkt.

f) Das kostet _____ eine Menge Geld.

g) Er stellte _____ auf den Tisch, hängte _____ an den Haken, nahm _____ aus der Tasche und zündete sich _____ an.

48 Satzglieder

2. Akkusativobjekt

2.3 Herr Fusi und der Agent der grauen Herren (29)

Fast jedes Kind kennt das Buch „Momo" von Michael Ende. Fremde graue Herren stehlen den Menschen ihre Lebenszeit. In der folgenden Szene besucht ein Agent der grauen Herren den Friseur Fusi. Er überredet ihn zu einer Änderung seines bisherigen Lebens:

„Und ob ich will!", rief Herr Fusi. „Was muss ich tun?"

„Aber, mein Bester", antwortete der Agent und zog die Augenbrauen hoch. „Sie werden doch wissen, wie man Zeit spart! Sie müssen zum Beispiel schneller arbeiten und alles Überflüssige weglassen. Statt einer halben Stunde widmen Sie einem Kunden nur noch eine Viertelstunde. Sie vermeiden Zeit raubende Unterhaltungen. Sie verkürzen die Stunde bei Ihrer alten Mutter auf eine halbe. Am besten geben Sie sie überhaupt in ein gutes, billiges Altersheim, wo für sie gesorgt wird, dann haben Sie bereits eine ganze Stunde täglich gewonnen. Schaffen Sie den unnützen Wellensittich ab! Besuchen Sie Fräulein Daria nur noch alle vierzehn Tage einmal, wenn es überhaupt sein muss. Lassen Sie die Viertelstunde Tagesrückschau ausfallen und vor allem, vertun Sie Ihre kostbare Zeit nicht mehr so oft mit Singen, Lesen oder gar mit Ihren sogenannten Freunden. Ich empfehle Ihnen übrigens ganz nebenbei eine große, gut gehende Uhr in Ihren Laden zu hängen, damit Sie die Arbeit Ihres Lehrjungen genau kontrollieren können."

„Nun gut", meinte Herr Fusi, „das alles kann ich tun, aber die Zeit, die mir auf diese Weise übrig bleibt – was soll ich mit ihr machen? Muss ich sie abliefern? Und wo? Oder soll ich sie aufbewahren? Wie geht das Ganze vor sich?"

[Ende: Momo, K. Thienemanns Verlag Stuttgart, S. 67]

5 Unterstreiche und kennzeichne Subjekt (S), Prädikat (P) und sofern vorhanden Akkusativobjekte (AO).

3. Dativobjekt

3.1 Die wem-Frage

1 Ermittle das Dativobjekt mithilfe der wem-Frage und unterstreiche es im Satz. Frage immer mit dem ganzen übrigen Satz.

In den Ferien arbeitet Frank als Aushilfe in der Firma seines Onkels. Am ersten Tag ist alles noch neu, sodass er häufiger nachfragen muss:

Onkel: Hör mal, Frank, bringe doch bitte Frau Gruber die Unterschriftenmappe zurück!

Frank: *Wem* _____

Onkel: _____ .

Fr. Gruber: Gut, dass du da bist, Frank! Melde doch bitte der Personalchefin, dass ein Herr Hartig im Vorzimmer wartet!

Frank: _____

Fr. Gruber: _____ .

Personalchefin: Also du bist der Frank! Da kannst du gleich einmal den Damen im Vorzimmer einen Kaffee kochen!

Frank: _____

Personalchefin: _____ .

Vorzimmerdame: Aha, ein neues Gesicht! Hilf doch bitte dem Azubi die Akten einzuordnen!

Frank: _____

Vorzimmerdame: _____ .

Auszubildender: Zu zweit macht die Arbeit viel mehr Spaß! Der Chef sagt, du sollst dem Lieferanten den Weg zeigen.

Frank: _____

Azubi: _____ .

Lieferant: Danke, mein Junge! Ich muss gleich weiter. Gib bitte dem Buchhalter die Rechnung!

Frank: _____

Lieferant: _____ .

Buchhalter: Aha, die neue Lieferung! Frau Gruber hat übrigens angerufen. Du möchtest deinem Onkel den Wagen waschen.

Frank: _____

Buchhalter: _____ .

Onkel: Jetzt ist der Wagen wieder wie neu, aber du siehst ganz alt aus. Ich gratuliere dir zu deinem ersten Tag in der Firma!

Frank: _____

Onkel: _____ !

Satzglieder

3. Dativobjekt

2 Bilde aus den Wortreihen sinnvolle Sätze. Trage die einzelnen Satzglieder im richtigen Kasus in die Tabelle ein. (29)

a) aufgeben – viele Hausaufgaben – der Lehrer – wir

b) ein Brief – schreiben – er – seine Eltern

c) bringen – er – sie – es

d) die alte Dame – das Kind – anbieten – ein Platz

e) alles – ihr – wir – versprechen

f) vorstellen – mein Bruder – seine Freundin – seine Eltern

g) die Klasse – der Aufsatz – vorlesen – der Schüler

h) vorführen – der Urlaubsfilm – der Besucher – unser Vater

	SUBJEKT	PRÄDIKAT	DATIVOBJEKT	AKKUSATIVOBJEKT
a)		gibt auf	uns	
b)				
c)				
d)				
e)				
f)				
g)				
h)				

3 Teile die Satzglieder durch Schrägstriche ab und kennzeichne Subjekt (S), Prädikat (P), Akkusativobjekt (AO) und sofern vorhanden Dativobjekt (DO). (29)

a) Wir wünschen dem Geburtstagskind Gesundheit und ein langes Leben!

b) Den Diebstahl müssen die Geschädigten der Versicherung melden.

c) Essen und Trinken hält Leib und Seele zusammen.

d) Warum tut er uns das an?

e) Nur ihrer besten Freundin zeigt Svenja ihr Tagebuch.

f) Einem Tier darf man kein Leid zufügen.

g) Ihren Schmuck wird Tante Irene später einmal ihrer Nichte vererben.

h) Schenkst du den Gästen bitte ein Glas Wein ein?

i) Meine Damen und Herren, die Sendungen des heutigen Abends zeigen Ihnen die nachfolgenden Anzeigentafeln.

3. Dativobjekt

(29)
3.2 Der zweite Mann

Vor langer Zeit, als es noch keine Sparkassen gab, besaßen zwei Männer ein gemeinsames Vermögen von fünfhundert Gulden.

Sie wollten es später einmal gemeinsam nutzen.

Eines Tages unternahmen die beiden eine lange Reise.

5 Das Geld gaben sie einer ehrlichen Witwe in Verwahrung.

Sie sollte es keinem allein zurückgeben, sondern nur ihnen beiden zusammen.

Nach mehreren Monaten kam nun der eine Mann zu der Witwe und sagte: „Mein Teilhaber ist tot. Geben Sie mir die fünfhundert Gulden!"

Leichtgläubig gab ihm die Witwe das ganze Geld.

10 Einige Wochen später kam aber der andere Mann und erzählte ihr dieselbe Lüge.

Als er erfuhr, dass die Frau das Geld nicht mehr hatte, verklagte er sie beim Richter.

Nun ging es der Witwe übel, denn sie konnte nicht einmal einen Anwalt bezahlen.

Aus Mitleid bot ihr einer seine Hilfe an.

Vor Gericht sprach er: „Die Frau gibt zu, dass sie dem Kläger und seinem Partner fünfhundert
15 Gulden schuldet.

Nach der Abmachung darf sie es aber nur beiden zusammen geben.

Deswegen soll der Kläger seinen Partner herbringen.

Wenn beide da sind, wird die Frau ihnen gemeinsam die ganze Summe auszahlen."

Der Richter stimmte dieser Regelung zu.

20 So gewann die Witwe den Prozess.

Der Kläger wartet aber noch immer auf den zweiten Mann.

4 Teile die Satzglieder durch Striche voneinander ab und kennzeichne Subjekt, Prädikat und sofern vorhanden Dativ- und Akkusativobjekt.

4. Genitivobjekt

4.1 Die wessen-Frage

(29)

Nach dem Genitivobjekt fragst du mit der Frage „wessen?" und dem ganzen übrigen Satz. Sätze mit einem Genitivobjekt sind aber in unserer Sprache sehr selten.

1 Beantworte die folgenden Fragen mit je drei Substantiven (Nomen) im Genitiv.

a) Wessen beschuldigt man ihn?
_____

b) Wessen rühmt er sich?
_____

c) Wessen bemächtigt er sich?
_____

d) Wessen bedient er sich?
_____

e) Wessen gedenkt er?
_____

2 Forme die Sätze um. Benutze dabei die folgenden Verben mit dem Genitivobjekt:

sich bemächtigen – sich rühmen – sich bedienen – würdigen – sich erwehren – gedenken – beschuldigen – sich entledigen

a) Frodo reißt den Zauberring an sich.
_____

b) Der Ork prahlt mit seiner übernatürlichen Kraft.
_____

c) Um die Tür zu öffnen benutzt er den magischen Schlüssel.
_____

d) Der Hobbit schenkt den Eindringlingen keinen Blick.
_____

e) Gandalf wehrt erfolgreich seinen mächtigen Gegner ab.
_____

f) Frodo denkt an seine glückliche Jugend im Hobbitland.
_____

g) Gollum beschuldigt Frodo Diebstahl begangen zu haben.
_____

h) Bevor es zu spät ist, wirft Frodo den unheilvollen Ring weg.
_____

Satzglieder

1. Satzschlusszeichen

1.1 Eine weite Reise

Seit zwei Jahren wechselt Jenny Briefe mit ihrer gleichaltrigen griechischen Brieffreundin auf der Insel Kreta nun wird sie in diesem Sommer ganz allein zu Maria und ihrer Familie fliegen es ist Jennys erster Flug am Ferienbeginn herrscht auf dem Flugplatz ein großes Durcheinander aber Jennys Chartermaschine hebt pünktlich ab nach dem Start lehnt sich Jenny im Sitz zurück sie wird diesen Flug genießen der Walkman liegt griffbereit in ihrer Tasche da kommt auch schon die Stewardess freundlich bietet sie den Fluggästen Getränke und einen Imbiss an bei aufgeklapptem Tischchen kommt Jenny in dem engen Flugzeug natürlich nur mit einigen Verrenkungen an ihren Walkman heran darum gießt sie leider den ganzen Apfelsaft über ihre Kleidung auch für dieses Missgeschick hält die Stewardess ein Lächeln bereit sie erlebt so etwas wohl häufiger Jenny allerdings ist die ganze Sache furchtbar peinlich außerdem klebt ihre Hose zum Glück verläuft der Rest des Fluges ohne weitere Zwischenfälle

1 Unterstreiche die Personalformen der Verben einfach und das erste Satzglied doppelt. So findest du den Beginn der Sätze.

2 Setze dann die Punkte und berichtige die Schreibung am Anfang der Sätze.

Am Flughafen nimmt die ganze Familie Jenny herzlich in Empfang nun beginnt ein aufregendes und ungewohntes Leben für Jenny gleich am ersten Abend gibt Maria eine Party für ihre Freundin um 10 Uhr abends kommen die ersten Gäste an da liegt Jenny normalerweise schon im Bett aber sie hält tapfer durch außerdem hat Maria furchtbar viele Verwandte sie werden sie im Laufe der vier Wochen alle der Reihe nach besuchen alle sind sie sehr nett und gastfreundlich es wird ein sehr schöner Urlaub hoffentlich wird Maria sich im nächsten Jahr in Jennys ruhiger Familie nicht langweilen!

3 Setze auch in diesem Text die Punkte und berichtige die Schreibung.

1. Satzschlusszeichen

1.2 Aussage, Aufforderung, Frage (161)

a) Du bringst die Fotos zum Fotohändler

b) Bringst du auf dem Rückweg gleich Milch mit

c) Bring auch noch etwas Käse mit

d) Sind Sie nun zufrieden

e) Sehen Sie sich das an

f) Seid nicht so ängstlich

g) Seid ihr sehr ängstlich

h) Prüft ihr das Ergebnis noch einmal nach

i) Prüft das Ergebnis noch einmal nach

j) Kommst du nachher noch vorbei

k) Du kommst nie pünktlich

l) Kommt diesmal nicht zu spät

m) Aller guten Dinge sind drei

n) Viele Menschen haben Angst vor Spinnen

4 Entscheide, ob es sich um einen Aussagesatz, Fragesatz oder Aufforderungssatz handelt, und setze das richtige Satzzeichen. Einige Sätze kann man verschieden auffassen.

5 Lies anschließend die Sätze so ausdrucksvoll vor, dass man die drei Satzarten mit dem Ohr unterscheiden kann.

1.3 Alltagsgespräche (161)

Mutter: Hole bitte noch die Thermosflaschen ich bin dann so weit wo bleibt Marina was macht sie nur so lange

Vater: Kommst du, Marina beeil dich wir fahren gleich los Mama wird schon ungeduldig

Marina: Ich komme gleich ich wasche mir nur eben noch die Haare hast du den Festiger irgendwo gesehen ich finde ihn nicht bring mir doch bitte den Föhn ist der etwa schon im Gepäck

Mann: Hör mal hast du das in der Zeitung gelesen unglaublich ein Mann hat einen Schatz von alten Münzen in seinem Keller gefunden jetzt soll er dafür keinen Pfennig Finderlohn bekommen

Frau: Gib mir bitte die Zeitung wo steht das ach da wahrscheinlich haben die Behörden dafür einfach kein Geld hättest du die Münzen abgeliefert

Mann: Natürlich was soll ich denn mit den alten Münzen anfangen man kann sie nicht einfach verkaufen vielleicht hätte ich einige Münzen als Andenken behalten

6 Teile die einzelnen Sätze ab, setze das richtige Satzzeichen und berichtige die Schreibung am Anfang der Sätze.

7 Lies anschließend die Sätze so ausdrucksvoll vor, dass man die drei Satzarten mit dem Ohr unterscheiden kann.

1. Satzschlusszeichen

(161)

1.4 Fuchs und Storch

Fuchs: Da kommt der dumme Storch   Den werde ich einmal richtig hereinlegen   Guten Tag, Storch   Kommst du heute zu mir zum Abendessen   Sei aber bitte pünktlich   Sonst wird das Essen kalt

Storch: Guten Tag, Fuchs   Deine Einladung ist aber nett   Natürlich komme ich   Wann isst du zu Abend   Ist acht Uhr recht   Bis dann

Fuchs: Ah, da bist du ja   Leg bitte ab   Nimm Platz   Hoffentlich schmeckt dir mein Essen   Greif zu   Es sind die allerfeinsten Zutaten   Warum isst du nicht

Storch: Das Mus auf diesem flachen Teller ist zu dünn für meinen spitzen Schnabel   Wusstest du das nicht   Habe aber trotzdem Dank für deine Einladung

Storch: (für sich) Der Fuchs hält mich wahrhaftig für das dümmste Tier unter der Sonne   Warte nur   Dir werde ich es heimzahlen   (zum Fuchs) Zum Dank lade ich dich morgen zu mir zum Abendessen ein   Kommst du bitte so gegen halb neun

Fuchs: Selbstverständlich werde ich kommen   Mach dir nicht zu viele Umstände   (für sich) Ist es die Möglichkeit   Jetzt lädt er mich sogar noch zu sich ein   Dümmer geht es nicht

Storch: Guten Abend, Fuchs   Mach es dir bequem   Sicherlich wird dir mein leckeres Essen schmecken   Magst du Frösche in Sumpfsoße   Nimm dir noch mehr   Du isst ja gar nichts   Magst du mein Essen nicht

Fuchs: Dummerweise komme ich mit meiner Zunge nicht in diese hohen Flaschen mit dem engen Hals   Für dich ist das natürlich kein Problem mit deinem spitzen Schnabel   Iss auch noch meine Portion   Lass es dir schmecken   Ich werde dann in meiner Höhle noch eine Kleinigkeit zu mir nehmen   Leb wohl   (für sich) Nun bin ich der Hereingelegte   Das mir   Der Storch ist wohl doch nicht dümmer als ich

8 Ergänze die fehlenden Satzschlusszeichen.

9 Lest den Text mit verteilten Rollen.

2. Komma zwischen Hauptsätzen

2.1 Hier fehlen die Kommas (165c, 168)

a) Der Sommer geht zu Ende die Tage werden kürzer und der Herbst kommt.

b) An meinem Geburtstag gehen wir entweder zum Kegeln oder wir machen eine Schnitzeljagd.

c) Der Tourist fragt mehrere Passanten nach dem Weg aber niemand kann ihm Auskunft geben.

d) Wir verbringen unseren Urlaub abwechselnd in den Bergen und an der See denn meine Mutter schwimmt gerne mein Vater ist ein begeisterter Bergwanderer und wir Kinder mögen beides gern.

e) Wasser wird in Zukunft immer knapper deshalb muss man sparsam damit umgehen.

f) Die Anschaffung eines Haustieres muss gut überlegt sein denn es kostet Zeit und Mühe dafür macht es den Menschen aber auch viel Freude.

g) Die Kartoffel ist ein wertvolles Nahrungsmittel denn sie hat nicht nur einen hohen Gehalt an Nährstoffen sondern sie enthält auch viele Vitamine.

h) Seit den großen Erfolgen der deutschen Sportler beim Tennis träumen noch mehr Jugendliche von einer Sportlerkarriere aber nur wenige gelangen später einmal an die Spitze.

i) Findest du den Weg allein oder soll ich dich noch ein Stück begleiten?

1 Kennzeichne die Subjekte und die Prädikate.

2 Entscheide, wo du zwischen vollständigen Hauptsätzen ein Komma einfügen musst und wo du zur besseren Gliederung des Satzes ein Komma einfügen möchtest.

3 Bilde aus je zwei Hauptsätzen eine Satzreihe, indem du sie mit einem passenden Verbindungswort verknüpfst. Entscheide: Wo musst du ein Komma setzen? Wo kannst du ein Komma setzen?

a) Hast du den Film schon gesehen? Kommst du mit ins Kino?
_____

b) Es ist heiß. Die Eisdiele ist überfüllt.
_____

c) Roland möchte ins Rockkonzert. Seine Eltern erlauben es nicht.
_____

d) Die Bäckerstraße ist gesperrt. Die Autofahrer müssen eine Umleitung fahren.
_____

e) Du musst Kathrin fragen. Niemand weiß besser darüber Bescheid.
_____

Zeichensetzung

2. Komma zwischen Hauptsätzen

(168) **2.2 Märchenhaftes**

Beispiel: Da ging der Wolf zu einem Krämer **und** kaufte sich ein großes Stück Kreide, die aß er(,) **und** auf diese Weise machte er seine Stimme fein.

a) In einem fernen Lande wohnte ein König der hatte elf Söhne und eine Tochter die hieß Elise. Die elf Brüder gingen in die Schule mit Sternen auf der Brust und mit Säbeln an der Seite und schrieben auf goldenen Tafeln mit diamantenen Griffeln und ihre Schwester Elise saß auf einem kleinen Schemel von Spiegelglas und las in einem Bilderbuch das hatte das halbe Königreich gekostet.

b) Es war einmal ein kleiner älterer Herr der hieß Herr Moritz und hatte sehr große Schuhe und einen kleinen schwarzen Mantel dazu und einen langen schwarzen Regenschirmstock und damit ging er oft spazieren.

c) Der arme Johannes war tief betrübt denn sein Vater war sehr krank und konnte nicht genesen. Außer den beiden war niemand in dem kleinen Zimmer die Lampe auf dem Tische war dem Erlöschen nahe und es war spätabends.

d) Draußen vor dem Schlosse war ein großer Garten mit feuerroten und blauen Bäumen die Früchte strahlten wie Gold und die Blumen wie brennendes Feuer und sie bewegten fortwährend Stängel und Blätter.

e) Die Gans vergoss Freudentränen und nahm sein Anerbieten an und nicht lange danach entkam Jakob glücklich und unerkannt mit ihr aus dem Palaste und brachte sie in ihre Heimat zu ihrem Vater. Dort entzauberte Wetterbock seine Tochter und entließ Jakob mit Geschenken reich beladen und nun machte er sich auf den Heimweg in seine Vaterstadt.

f) Däumelinchen segelte an vielen Städten vorbei und die kleinen Vögel saßen in den Büschen, sahen sie und sangen. Das Blatt schwamm mit ihr immer weiter und weiter fort so reiste Däumelinchen außer Landes. Ein weißer Schmetterling umflatterte sie stets und ließ sich zuletzt auf das Blatt nieder denn Däumelinchen gefiel ihm. Sie nahm ihren Gürtel und band das eine Ende um den Schmetterling das andere Ende des Bandes befestigte sie am Blatte das glitt nun viel schneller davon und sie mit denn sie stand ja darauf. Da kam ein großer Maikäfer angeflogen der erblickte sie. Er schlug augenblicklich seine Klauen um ihren schlanken Leib und flog mit ihr auf einen Baum. Das grüne Blatt aber schwamm den Fluss hinab und der Schmetterling mit denn er war an das Blatt gebunden und konnte nicht loskommen.

4 Umrahme die Konjunktion „und" und prüfe, ob danach ein vollständiger Hauptsatz folgt.

5 Entscheide dich, wo du die vollständigen Hauptsätze durch Kommas voneinander abtrennen möchtest und wo nicht.

Zeichensetzung

3. Aufzählung

3.1 Aufzählungen (165)

a) Pflanzenwurzeln brauchen <u>lockeren Boden</u>, <u>Luft</u> (und) <u>genügend Wasser</u>. Eggen Grubbern und Hacken sind Maßnahmen zur Lockerung des Bodens. Würmer Insekten Spinnen Maulwürfe Mäuse und andere Bodenbewohner sind aber noch wichtiger für den Boden. Sie lockern ihn zersetzen Tier- und Pflanzenreste und führen so den Pflanzenwurzeln wichtige Nährstoffe zu.

b) In den ersten vier Schuljahren lernt man Rechnen Schreiben und Lesen. Nach und nach kommen dann die Fächer Englisch Geschichte und Physik außerdem Französisch oder Latein dazu. Erst ab Klasse 9 stehen Chemie eine dritte Fremdsprache und manchmal auch Informatik auf dem Stundenplan.

c) Oben auf dem Sprungturm blickte der Junge ängstlich über den Rand der Plattform atmete tief durch ballte die Fäuste schloss die Augen zählte bis drei und sprang in die Tiefe.

d) Bei Meister Hora hingen lagen und standen überall Uhren. Da gab es winzige Taschenührchen gewöhnliche Blechwecker Sanduhren Spieluhren mit tanzenden Püppchen darauf Sonnenuhren aus Holz und Uhren aus Stein. Da gab es auch Weltzeituhren in Kugelform und kleine und große Planetarien mit Sonne Mond und Sternen.

e) Das Pressen von Blättern Gräsern oder sogar ganzen Blüten ist einfach. Am besten eignen sich dünne wenig gewölbte Blätter von Anemonen Mohn Butterblumen und das Laub von Buchen Pappeln und Birken. Die zarten Blüten der Buschwindröschen Veilchen Butterblumen und vieler anderer Wildpflanzen sehen gepresst sehr hübsch aus.

f) Die Jugendherberge Holzminden eignet sich gleichermaßen gut für Kur- oder Daueraufenthalte für Einzelgäste und Familien Schul- Sport- und Wandergruppen Erholungsmaßnahmen und für Lehrgänge und Tagungen. Zur Freizeit- und technischen Einrichtung gehören u. a. ein Filmprojektor Diaprojektor Plattenspieler Kassettenrekorder Fernseher Leinwand und eine Sammlung von Gesellschaftsspielen. Ein Freigelände bietet Möglichkeiten zum Grillen Außenspielgeräte einen Lagerfeuerplatz und Außentischtennisplatten. Weitere Sport- und Freizeitangebote in Holzminden sind ein Hallenbad Freibad Surfen Rudern und Reiten Tennis Fußball Hockey ein Waldlehrpfad und ein Verkehrsübungsgarten.

1 Unterstreiche in den Sätzen die Wörter und Wortgruppen, die aufgezählt werden, und umkreise die Verbindungswörter.

2 Setze die fehlenden Kommas.

3. Aufzählung

(165)

3.2 Ein schöner Geburtstag

Annette bereitet ihre Geburtstagsfeier vor. Zuerst schreibt sie Einladungskarten an _____ _____ . Dann überlegt sie sich die Spiele: Am liebsten möchte sie _____ spielen. Es muss aber auch noch Zeit bleiben für _____ . Einen Tag vor dem Geburtstag kauft sie _____ zum Essen ein. An Getränken stellt sie _____ bereit. Schließlich muss sie noch an die Geschenke für ihre Gäste denken. Für jedes Kind bastelt sie eine Tüte, in die sie _____ packt. Und dann ist endlich der Geburtstagsmorgen da. Noch im Schlafanzug läuft sie zum Esstisch, und da sitzen auch schon _____ , und an ihrem Platz, neben der Geburtstagskerze, sieht sie _____ , genau das, was sie sich so sehr gewünscht hat!

3 Füge immer mindestens drei gleichartige Wörter oder Wortgruppen in die Lücken ein und verwende auch an den passenden Stellen die Konjunktionen „und" und „oder".

4 Vergiss nicht bei den Aufzählungen die Kommas zu setzen.

(165, 168)

3.3 Die Bulldogge

Die Bulldogge ist kompakt kräftig und massig sehr muskulös und hat einen außerordentlich breiten Kopf. Die Ohren sind klein dünn und rosenförmig die Nase ist zurückgesetzt der mächtige Unterkiefer vorgeschoben. Das dichte kurzhaarige und feine Fell kann weiß gestromt rot oder gelblich einfarbig oder scheckig sein. Sie ist wirklich nicht schön aber auf Schönheit kam es auch nicht an denn die Bulldogge war früher ein Kampfhund. Sie wurde auf Bullen gehetzt und verbiss sich in deren Kehle und bot so den Zuschauern ein Schauspiel, das man damals so unterhaltsam fand wie heute Boxen Fußball oder Eishockey. 1838 verbot man in England das grausame Bullenhetzen und nun wurde aus dem Kämpfer ein treuer Begleiter ein liebevoller Hausgenosse und Beschützer seiner Familie. Die Bulldogge ist gutmütig geduldig und sehr lieb gegenüber Kindern kann aber im Notfall auch sehr böse werden. Dann verbeißt sie sich in den Angreifer und lässt lange nicht mehr los.

5 Unterstreiche alle Aufzählungen und setze die Kommas.

6 Entscheide, an welchen Stellen du zwischen zwei vollständigen Hauptsätzen ein Komma setzen <u>möchtest</u> und wo du ein Komma setzen <u>musst</u>.

Zeichensetzung

4. Wörtliche Rede

4.1 Der Gevatter Tod (1) *nach den Brüdern Grimm* (173)

Ein armer Mann hatte zwölf Kinder. Als nun das Dreizehnte zur Welt kam, lief er in seiner Not in den Wald. Der Erste, der ihm begegnete, war der liebe Gott.

Der sprach zu ihm   Armer Mann,   du dauerst mich.   Ich will dein Kind aus der Taufe heben und es glücklich machen auf Erden.

Der Mann fragte   Wer bist du?

Gott antwortete   Ich bin der liebe Gott.

Da sprach der Mann   So begehre ich dich nicht zum Gevatter. Du gibst den Reichen und lässt die Armen hungern.

Damit ließ er ihn stehen und ging weiter.

1 Unterstreiche den Begleitsatz doppelt, die wörtliche Rede einfach.

2 Ergänze den Merksatz durch die Begriffe
Begleitsatz – Anführungszeichen – Doppelpunkt – Großschreibung

Der Mann fragte: „Wer bist du?"

Wenn der _____ zur wörtlichen Rede hinführt, steht am Ende des _____ ein _____. Nach dem Doppelpunkt muss man die _____ beachten.

Die wörtliche Rede wird mit allen Satzzeichen in _____ eingeschlossen.

3 Ergänze die fehlenden Satzzeichen für die wörtliche Rede.

4.2 Der Fund *Leo N. Tolstoi* (173)

Ein Alter und ein Junger hatten den gleichen Weg. Da sahen beide auf der Straße einen Sack Geld liegen. Der Junge hob ihn auf und sagte   da sieh an, was Gott mir auf den Weg gelegt hat.   Doch der Alte sagte   halt Freund – uns beiden!   Der Junge sagte   nein, nein! Nicht wir zwei haben das gefunden – ich habe es aufgehoben.   Da sagte der Alte kein Wort mehr. Sie gingen ein wenig weiter. Auf einmal hörten sie, wie hinter ihnen die wilde Jagd losging und wie man rief   wer hat den Sack voll Geld weggeholt? Der Junge bekam es jetzt mit dem Fürchten zu tun und sagte   es sieht aus, als könnte uns von unserem Fund noch was Schlimmes kommen.   Der Alte sagte   von deinem Fund, meinst du wohl; und Schlimmes für dich, nicht für uns.   Und der Junge wurde gefasst und mitgenommen und kam vor den Richter. Der Alte dagegen durfte heimgehen.

[Der Bär auf dem Wagen, Übers. von Hans Baumann, Otto Maier, Ravensburg 1968]

4 Unterstreiche den Begleitsatz doppelt, die wörtliche Rede einfach.

5 Ergänze die fehlenden Satzzeichen für die wörtliche Rede und berichtige wo nötig die Großschreibung der Wörter.

4. Wörtliche Rede

(173) ## 4.3 Der Gevatter Tod (2)

Bald darauf begegnete ihm der Teufel.

Was suchst du?   fragte er ihn.

Ich suche einen Paten für mein Kind   antwortete der Mann.

Willst du mich zum Paten deines Kindes nehmen,   so will ich ihm Gold in Hülle und Fülle geben   sprach der Teufel.

Wer bist du?   fragte der Mann.

Ich bin der Teufel   antwortete der Teufel.

So begehr ich dich nicht zum Gevatter, denn du betrügst und verführst die Menschen   sprach der Mann und ging weiter.

6 Unterstreiche den Begleitsatz doppelt, die wörtliche Rede einfach.

7 Ergänze den Merksatz durch die Begriffe
Begleitsatz – kleiner Buchstabe – Anführungszeichen – Komma

„Wer bist du?", fragte der Mann.
„Ich bin der Teufel", sagte der Teufel.

Wenn der _____ hinter der wörtlichen Rede steht, beginnt er immer mit einem _____ . Die wörtliche Rede wird mit allen Satzzeichen in _____ _____ eingeschlossen. Nur das _____ steht außerhalb der wörtlichen Rede und der Anführungszeichen. Dieses Komma steht auch dann, wenn die Redewiedergabe vor den Anführungsstrichen mit einem Fragezeichen oder Ausrufezeichen endete.

8 Ergänze die fehlenden Satzzeichen für die wörtliche Rede.

(173) ## 4.4 Wer springt am höchsten?

Ich kann einen Regenwurm essen   rief Albin.   Wupps!   hatte er den Regenwurm verschluckt. Bravo, Albin!   riefen die Albinisten.   Stig kann auch einen Regenwurm essen   schrien die Stiglinge und begannen sofort nach einem Regenwurm für Stig zu suchen.   Stig wurde etwas blass um die Nase.   Es schien, als sei Regenwurm nicht gerade sein Lieblingsgericht.   Aber seine Anhänger hatten einen unter einem Stein gefunden.   Du wagst es nicht, du Feigling   sagte Albin. Da schluckte Stig den Regenwurm.   Regenwurm essen kann jeder Rotzjunge.   Aber ich bin vom Holzbudendach gesprungen.   Den Rekord brichst du nicht   sagte Stig.   Mach ich nicht?   fragte Albin.   Das macht er!   schrien die Albinisten.   Das macht er nicht!   schrien die Stiglinge.   Ich springe sogar vom Kuhstalldach   sagte Albin.   Aber ihn fröstelte, als er es sagte.   Bravo, Albin!   schrien die Albinisten.   Das wagt er nie   sagten die Stiglinge.
[nach: A. Lindgren: Wer springt am höchsten? In: Sammelaugust, Oetinger, Hamburg 1964]

9 Unterstreiche den Begleitsatz doppelt, die wörtliche Rede einfach.
10 Ergänze die fehlenden Satzzeichen für die wörtliche Rede.

4. Wörtliche Rede

4.5 Der Gevatter Tod (3) (173)

Da kam der dürrbeinige Tod auf ihn zugeschritten.

Wenn du einen Paten für dein Kind suchst   sprach er   so nimm mich!

Wer bist du   fragte der Mann.

Ich bin der Tod   antwortete der andere   der alle gleich macht.

Du bist der Rechte!   sprach der Mann.   Du holst den Reichen wie den Armen ohne Unterschied.   Du sollst mein Gevattersmann sein.

Ich will dein Kind reich und berühmt machen   sprach der Tod   denn wer mich zum Freunde hat, dem kann's nicht fehlen.

Nächsten Sonntag ist Taufe   sagte der Mann   da sei zur Stelle!

11 Unterstreiche den Begleitsatz doppelt, die wörtliche Rede einfach.

12 Ergänze die fehlenden Begriffe.

„Ich bin der Tod", antwortete er, „der alle gleich macht."

Wenn der _____ in die wörtliche Rede eingeschoben ist, beginnt er immer mit

einem _____ Buchstaben. Die wörtliche Rede wird mit allen _____

in _____ eingeschlossen. Nur die beiden _____ vor und hinter

dem Begleitsatz stehen außerhalb der Anführungszeichen.

13 Ergänze die fehlenden Satzzeichen für die wörtliche Rede.

4.6 Das Mottenpulver   *nach Carlo Manzoni*   (173)

Herr Veneranda ging in eine Drogerie.   Verzeihung   fragte er den Drogisten   haben Sie etwas um Wolle vor Motten zu schützen?   Gewiss   sagte der Drogist   wir haben Mottenpulver. Ich kann es sehr empfehlen.   Ausgezeichnet!   sagte Herr Veneranda   dann geben Sie mir bitte zwei Strang Wolle.   Wie bitte?   fragte der Drogist.   Geben Sie mir   wiederholte Herr Veneranda   zwei Strang Wolle.   Aber   fragte der Drogist verwundert   wollten Sie denn nicht Mottenpulver?   Ich möchte vor allen Dingen Wolle   sagte Herr Veneranda   ich kann doch nicht mit Mottenpulver stricken.   Stricken Sie mit Mottenpulver?   Aber   stotterte der Drogist   Sie haben mich um etwas gebeten, das Wolle vor Motten schützt.   Welche Wolle?   fragte Herr Veneranda.   Wenn ich Wolle vor Motten schützen soll, so geben Sie mir doch Wolle!   Ich verkaufe keine Wolle   sagte der Drogist   ich verkaufe Mottenpulver.   Sie verkaufen Sachen, die zu nichts nütze sind   sagte Herr Veneranda   wahrscheinlich haben Sie nicht einmal Motten.   Und Herr Veneranda verließ das Geschäft und warf schimpfend die Tür zu.

[Carlo Manzoni, 100 x Signor Veneranda, dtv]

14 Unterstreiche den Begleitsatz doppelt, die wörtliche Rede einfach.

15 Ergänze die fehlenden Satzzeichen für die wörtliche Rede.

4. Wörtliche Rede

(173) **4.7 Rasieren und Haareschneiden**

Ein Schotte traf auf dem Weg zum Friseur einen kleinen Jungen.
He   rief der Schotte.
Was ist   fragte der Junge.
Wie heißt du   fragte der Schotte.
Ich heiße Bill   antwortete der Junge.
Gut, Bill   sagte der Schotte   du könntest mir einen Gefallen tun
Der Junge sah den Mann fragend an.   Was soll ich denn tun
Geh mit mir zum Friseur. Du kannst dir dann auch gleich die Haare schneiden lassen. Machst du mit
Na klar   sagte der Junge   aber ich habe kein Geld
Das ist auch nicht nötig   antwortete der Schotte
Guten Tag   sagte der Friseur   womit kann ich dienen
Der Schotte antwortete   Ich möchte rasiert werden
Hat der Junge auch einen Wunsch   erkundigte sich der Friseur
Schneiden Sie Bill die Haare   sagte der Schotte   er hat's nötig
Der Schotte kam als Erster dran. Er wurde rasiert   , und als das geschehen war, ließ er Bill auf dem Frisierstuhl Platz nehmen.
Dann sagte er zum Friseur   Kann ich bei Ihnen Zigaretten kaufen
Tut mir Leid   erwiderte der Friseur   Zigaretten gibt's bei mir nicht. Aber nebenan ist ein Tabakladen
Gut   rief der Schotte   ich bin gleich wieder da
Nun wurden Bill die Haare geschnitten, bis er wieder ganz manierlich aussah. Vom Schotten war nichts zu sehen.
Hör mal   sagte der Friseur nach einiger Zeit   dein Vater braucht aber ziemlich lange um eine Schachtel Zigaretten zu kaufen
Was heißt hier Vater   antwortete Bill   Das war doch bloß ein fremder Mann, der mich gefragt hat, ob ich mit ihm zum Friseur gehen wolle
So ein Gauner   schrie der Friseur   er hat mich hereingelegt
Da wusste Bill, dass es besser für ihn wäre, sich aus dem Staub zu machen. Er griff sich seine Mütze, flitzte aus der Tür und weg war er.

16 Unterstreiche den Begleitsatz doppelt, die wörtliche Rede einfach.